被討厭的勇氣

自我啟發之父「阿德勒」的教導

岸見一郎、古賀史健 著
葉小燕 譯

各界推薦

每個人內心都住著一個哲學家，同時也住著一個年輕人。或許我們都走過了年輕歲月對人生的疑惑與追尋，最終，我們終於成為自己生命的哲學家。我喜愛這本書，不只在它的書名所帶來的一種睿智及平靜，還有在於它的內容正是每個人都曾探問過的「人生是什麼？人活著而感受到的痛苦是為什麼？我們的人生究竟在追尋什麼？」等等這些人生問題的智慧對話。讀著讀著，心必有所感，那是你反覆經歷生活之後，你知道的，這些話語就是你生命走過的路。

——心理諮商師、心靈療癒叢書作家　蘇絢慧

如果佛洛伊德教我們定位潛伏記憶深處的傷害，將之築成終身居住的小屋，反芻創傷帶來的宿命掙扎（要不是×××，我早就×××了），那麼阿德勒便是將我們逐出傷痛之屋、逼我們勇於面對當下每一決定的嚴師（原來是我把自己害得那麼慘）。讀完《被討厭的勇氣》，身為佛洛伊德忠實信徒的我也不得不承認，

阿德勒的理論，讓人燃起想好好活在當下、不為宿命捆綁束縛的信念與熱情。「只有自己能夠改變自己」，我會永遠這樣勉勵自己，不再逃避了。

——逗點文創負責人　陳夏民

在那些潛藏於青年時期，在那個知識毫不留情地灌注腦袋的年代，我們心裡其實早浮現許多疑問，只是還來不及尋求解答。

本書大量談論這些議題，卻不用「給你解答」的方式，而是透過哲學家和年輕人的心理對話，輕輕柔柔、卻又精準不已地，打動我們正在思考的困惑。就像聆聽一千零一夜的故事般，如此誠懇地帶我們巡迴過，這些存在於生命裡頭如此重要的思考。

我很希望在我年輕時就看過這本書，那麼也許我會更懂得，什麼叫做：不用辛苦地活在別人的期待裡。我又十分慶幸，在已經經歷一陣工作的洗練後，看了這本書，它啟發我：如何選擇與決定自己的未來。我想在更年長時，我還會再翻閱這本書，也許那時更能理解：原來接受「被討厭」，也是一種人生的豁達。

——心理諮商師　許皓宜

生命裡，我們雖然會受到過去經驗的影響，例如創傷經驗，而讓生命顯得遲滯困難。但這本書卻道出一條珍貴的路徑：即使過去如此，我們仍能堅定地拾起想要的生活目標，盯視內心所渴求的，然後重新做出選擇並努力著，想要的生命是可以這樣創造而來的。這樣的觀點還給人們身心很大的自由，我們絕對不是只能被過去事件所宰制，我想這應該就是阿德勒學派帶給世人最好的禮物之一了。

——心理諮商師　黃錦敦

這會是一本好書，如果你沒有厚重的「傷」，又有一份很想改變很想創造幸福的「決心」。本書透過哲學家與年輕人的對話，好好地勾勒出「如何在自己生命的槓桿施力」。「被討厭的勇氣」並不是要去吸引被討厭的負向能量，而是，如果這是我生命想活出的核心渴望，那麼，即使有被討厭的可能，我都要用自己的雙手雙腳往那裡走去。真摯地祝福，打從心底想創造美好的你。

——諮商輔導博士，《做自己還是做罐頭》、熱情渴望卡作者　黃士鈞（哈克）

一部振奮人心又好讀易懂的心靈作品。它振振有詞地否定了我們舊時的心理創傷，讓人無法辯駁；並指出所有的煩惱都是來自人際關係，最重要的就是：放下自己「認同」的需求，與他人的課題分離。然後非常務實地告訴我們如何找到自己的中心，認真地活在當下。看完之後，你絕對可以為你無意義的人生增添美麗色彩的意義。好書！

——身心靈作家　張德芬

這本書不斷地提出各類有趣的邏輯陷阱，讓讀者隨著書中年輕人的發問，一次又一次地試探自己的思考中心到底是否會受哲學家牽引，因為哲學家對於「目的論」跟「決定論」的想法始終能夠拉扯出許多凡夫俗子陷入的謬論與自以為是。讓哲學家帶領你經歷一場邏輯思辨三溫暖，保證你看完之後會重新釐出新的宇宙觀，這才是《被討厭的勇氣》最值得閱讀的原因。

——影評人　膝關節

我一直認為，每個人對自己的人生擁有絕對的詮釋權，這是任何人都奪不走的。明白這個道理，是我三十二歲那年活到不想活不下去時得到的意外禮物。此後遇見挫敗哀傷，我不會再回頭連結過往的悲慘記憶，告訴自己有多可憐，因為它們已經被我「重新定義」，慢慢轉化成養分了。因此遇見這本書的「目的論」時，我非常驚喜！原來這個「魔法」早就有人發現。這是我們與生俱來的寶物，請發現它，並好好地運用它。

——資深譯者　陳系美

楔子

在這個有「千年古都」美譽的城市的市郊，住著一位提倡「世界無比單純，人人都能幸福」的哲學家。一位無法接受這個觀點的年輕人前往拜訪哲學家，打算了解這種論點背後真正的涵義。年輕人有許多煩惱，在他眼中，這個世界充滿矛盾、一片混沌，哪有什麼幸福可言。

年輕人　請問一下，「**世界無比單純**」是老師一貫的論點吧？

哲學家　是的。不只這個世界單純到你無法想像的地步，人生也是一樣。

年輕人　您這樣的主張是針對現實生活的論述，而不是一種理想論嗎？換句話說，您認為橫阻在我們人生中的種種問題也都很單純嗎？

哲學家　那當然。

年輕人 好吧。在開始討論前，先跟您說一下我這次來訪的目的。首先，我希望能跟您充分溝通交流，直到我能夠信服為止。可能的話，也希望讓您收回自己一貫的論調。

哲學家 呵呵。

年輕人 說起來，也是因為久仰老師的大名，聽聞這邊有位獨樹一幟的哲學家，提倡一種不容忽視的理想論，主張什麼「**人是可以改變的**、**世界無比單純**、**誰都能獲得幸福**」之類的。可是我實在很難接受這些說法。所以我決定自己來看看，若發現有什麼荒謬的說法，也能提出修正……不知這樣會不會給您帶來困擾？

哲學家 不會，我非常歡迎。我也希望能聽聽年輕人的聲音，好增長自己的見識。

年輕人 謝謝老師。我並不想不分青紅皂白地完全否定您的說法，所以一開始我想先以您的論點為基礎，進一步思考它的可能性。

「世界很單純，人生也一樣。」如果這種命題有幾分道理的話，那說的應該是孩子們的世界。小孩子不用工作，也沒有納稅之類的義務，而且在父母和社會的守護下，每天都過得自由自在。他們一定覺得未來有無限可能、自己什麼都做得到。他們的雙眼被遮住了，不必去看醜惡的現實。

是啊，的確沒錯，孩子們眼中的世界應該是很單純的吧。

但是隨著年齡增長，世界漸漸露出本性。我們會不斷遭遇「原來你這個傢伙也不過如此」之類的現實，甚至頻繁到令人厭惡的地步，等待在人生道路上的種種可能，也因此翻轉為不可能。於是「幸福快樂的日子」結束，迎面而來的盡是殘酷的現實。

哲學家　原來如此，有意思。

年輕人　不只是這樣。長大後還會涉入複雜的人際關係，被迫背負許多責任，無論在工作、家庭或社會上扮演什麼角色，都沒有例外。當然，許多小時候無法理解的歧視、戰爭或差別待遇等社會問題也會一一浮上檯面，讓人無法忽視。不是嗎？

哲學家　大概吧。請繼續。

年輕人　如果在一個宗教力量強大的時代，或許還能得到救贖；因為神的教誨就是真理、就是世界、就是一切，只要跟隨祂的指引，就不用想那麼多。可是現在宗教式微，信仰只剩下空殼子，大家失去依靠，心裡不安、彼此猜忌。其實現代社會中，每個人都自私自利地活著。

老師，請您回答我。即使面對這些現實，您還是覺得這個世界很單純嗎？

哲學家　我的答案不會改變。世界很單純，人生也一樣單純。

年輕人　為什麼？任誰來看，都會覺得世界充滿矛盾、一片混沌吧！

哲學家　不是「世界」複雜，而是**「你」把世界變複雜了**。

年輕人　我？

哲學家　無論是誰，**沒有一個人是住在客觀的世界裡，我們都居住在一個各自賦予其意義的主觀世界**。不只你看到的世界跟我看到的不一樣，甚至可以說沒有人能跟別人擁有同樣的世界。

年輕人　這是什麼意思？您和我不是生在同一個時代、同一個國家，看著同樣的事物嗎？

哲學家　這麼說好了。你看起來還挺年輕的，不知道你有沒有喝過剛從井裡打上來的水？

年輕人　井水？這個嘛，很久以前喝過，那時在鄉下的奶奶家就是打井水來用的。在熱死人的夏天裡，能到奶奶家喝口冰涼的井水，可是我最大的享受啊。

哲學家　那麼你或許也知道，井水的溫度一年到頭差不多都固定在十八度上下，不管誰來量都一樣，是客觀的數字。但是，夏天喝到的井水讓我們覺得冰涼，冬天喝到時卻會感覺溫熱。從溫度計上看來，明明一直保持在十八度，可是我們在夏天和冬天卻會有不同感受。

年輕人　也就是說，環境的變化讓我們產生了錯覺。

哲學家　不，不是錯覺。對當下的「你」來說，井水的冰涼或溫熱是不可動搖的事實。這就是所謂「居住在主觀的世界」。「我們如何看待事物」的這種主觀就是一切，而且是讓人無從逃避的。

現在，你眼中的世界是光怪陸離、複雜而混沌的。可是當你有了改變之後，世界就會回復到單純的樣子。所以，**問題不在於世界是什麼樣子，在於你是什麼樣子**。

年輕人　在於我？

哲學家　沒錯。好像你正透過太陽眼鏡在看這個世界，當然會覺得看到的一切都很昏暗。既然如此，你可以不用感嘆這個世界有多黑暗，只要摘下太陽眼鏡就行了。

一開始，你可能會因為世界太過刺眼，忍不住想閉上眼睛，甚至想再戴上眼鏡。這時候，就看你有沒有堅持摘下它、直視這個世界的「**勇氣**」了。

年輕人　勇氣？

哲學家　嗯，這是「勇氣」的問題。

年輕人　……呃，就算是好了。雖然我可以提出一大堆說法來反駁，不過我想這個問題之後再討論比較好。我想先跟老師確認一件事，您說「人是可以改變的」，而且只要我改變了，世界也會變回單純的模樣，沒錯吧？

哲學家　當然，**人是可以改變的；不只如此，還可以變得幸福**。

年輕人　誰都可以？沒有例外嗎？

哲學家　沒有例外，而且從現在開始就能改變。

年輕人　哈哈，讓我逮到了！太有意思了。老師，我現在就可以推翻您的論點！

哲學家　我不會逃避的，好好來聊聊吧。你覺得「人無法改變」，對嗎？

年輕人　沒錯！甚至我現在就因為無法改變而痛苦不堪。

哲學家　但同時你又希望有所改變？

年輕人　當然。如果可以改變，如果人生可以重來，我會高興得向您磕頭。不過現在看起來，說不定您要給我磕頭呢。

哲學家　那也無妨。挺有意思的啊。看著你，我想起學生時代的自己，想起當年那個為了追求真理，四處探訪哲學家、年輕氣盛的自己。

年輕人　是的，沒錯。我就是在追求真理；人生的真理。

哲學家　到日前為止，我從沒有收過任何弟子，也不覺得有那種必要。不過自從我成為希臘哲學的信徒，並且遇上「另一個哲學」之後，心裡某個角落似乎一直在期待有你這樣的年輕人來訪。

年輕人　「另一個哲學」？那又是什麼？

哲學家　來，我們去書房。夜還很長呢，我先請你喝杯熱咖啡吧。

本書以「年輕人與哲學家對話」的形式，將與佛洛伊德、榮格並列「心理學三巨頭」的阿爾弗雷德·阿德勒的思想（阿德勒心理學）集結成冊。

在歐美受到廣泛支持的阿德勒心理學，對於「如何才能活得幸福」這個哲學提問，提供了最簡單而具體的「回答」。了解這個可謂世界上一大真理的阿德勒思想，您今後的人生將產生什麼樣的轉變？又或者依然如故？

現在，就讓我們跟這位年輕人一起推開那扇「門」，進去看看吧……

第二夜　所有煩惱都來自於人際關係

第三夜　割捨別人的課題

第四夜　世界的中心在哪裡？

第五夜　認真活在「當下」

第一夜　否定心理創傷

進了書房，年輕人仍然像貓似的微微駝著背，在房裡的一張椅子坐了下來。為什麼他對哲學家的論點表現出抗拒排斥的態度呢？原因很明顯。他從小就缺乏自信，不論是出身或學歷，甚至外貌都讓他有強烈的自卑感。或許也因為如此，他變得有點過度在意別人的眼光。除了無法由衷祝福別人，也總是處在自我厭惡當中。對這位年輕人來說，哲學家的主張不過是鏡花水月、一場空談罷了。

不為人知的「第三巨頭」

年輕人 剛才您提到「另一個哲學」。沒記錯的話，我聽說您專攻的是希臘哲學？

哲學家 是啊，我從十幾歲開始，就一直與希臘哲學為伴，研究蘇格拉底、柏拉圖、亞里斯多德等智者，目前手邊還在翻譯柏拉圖的著作。對古希臘的研究探索，恐怕終此一生也無窮盡吧。

年輕人 那麼，「另一個哲學」到底是什麼？

哲學家　那是奧地利的精神科醫師——阿爾弗雷德．阿德勒在二十世紀初所開創的一套嶄新的心理學思想，以創始者為名，一般通稱為「阿德勒心理學」。

年輕人　喔，這倒是令人有些意外。希臘哲學的專家，對心理學也有涉獵？

哲學家　我不知道其他的心理學是怎麼一回事，但是就阿德勒心理學而言，很明顯是一套與希臘哲學密不可分的思想和學問。

年輕人　如果是佛洛伊德或榮格心理學，我多少還有些概念。這的確是個很有趣的研究範疇。

哲學家　沒錯。佛洛伊德或榮格在我國也相當知名。阿德勒本來就是佛洛伊德所主持的「維也納精神分析學會」的核心人物，在會中頗為活躍，後來因為彼此在學說上的對立而分道揚鑣。阿德勒便以他獨創的理論為基礎，倡導「個體心理學」。

年輕人　個體心理學？又是個有趣的名詞。這麼說來，阿德勒這個人算是佛洛伊德的弟子囉？

哲學家　不不不，不是他的弟子。經常有人有這種誤解，我一定要先澄清一下。阿德勒和佛洛伊德年紀差不多，算是地位相當的研究者，這一點跟那個把佛洛伊德當成父親般敬仰的榮格大不相同。另外，雖然我們一提到心理學，就會想到佛洛伊德和榮格，但放眼世界，如果說誰能跟佛洛伊德、榮格並列「三巨頭」，那麼一定非阿德勒莫屬。

年輕人　原來是這樣。是我孤陋寡聞了。

哲學家　你不知道阿德勒也是理所當然的。連阿德勒自己都說：「或許有一天，不再有人記得我叫什麼名字，甚至連阿德勒學派曾經存在的事，都會被忘得一乾二淨。」但他認為，即使這樣也無所謂。因為當世人遺忘阿德勒學派的存在時，就表示他的思想已經從「某種學問」蛻變為人們心中的共同感受了。

年輕人　也就是說，不再為學問而學問了嗎？

哲學家　是的。聞名全世界的暢銷書——《人性的弱點》和《人性的優點》的作者戴爾·卡內基就曾說過，阿德勒是一位「畢生研究人類及其潛力的偉大心理學家」，他的作品更是充分反映了阿德勒的思想。另外，史蒂芬·柯維在《與成功有約》裡也曾提過跟阿德勒思想相近的內容。**也就是說，我們並沒有把阿德勒的心理學當成一門艱澀的學問，而是當成了解人性的真理，甚至是一個終極目標**。只不過，這個號稱超越時代一百年的阿德勒思想，我們至今仍無法迎頭趕上。他的思想就是這麼卓越先驅。

年輕人 所以您的論點，不只局限於希臘哲學，也會從阿德勒心理學的角度來探討嘍？

哲學家 沒錯。

年輕人 我懂了。另外，我想先確認一下您的立論根本：您到底是哲學家？還是心理學家？

哲學家 我是哲學家，以哲學為生。而阿德勒心理學對我來說，是跟希臘哲學在同一條線上的思想，是哲學。

年輕人 好吧。那麼，我們趕快開始吧。

為什麼「人是可以改變的」？

年輕人 讓我先整理一下剛才討論的。您說「人是可以改變的」，而且不管是誰，都能變得幸福。

哲學家　嗯，沒有例外。

年輕人　等一下再討論有關於幸福的問題，我想先針對「改變」這件事請教您。不管是誰都希望能改變，不只是我自己，在路上隨便找個人問，應該也會得到相同的答案。可是為什麼大家都想要改變呢？答案只有一個，那就是大家都處在一個無法改變的狀態。如果可以輕易地改變，就不會特別期待想要改變了。

人就算想要改變也無法改變，所以才一直有人會被那些鼓吹可以改變自我的新興宗教，或詭異的自我開發研習會所欺騙，不是嗎？

哲學家　那麼，我反問你，你為什麼這麼堅持人是無法改變的？

年輕人　為什麼？因為這是事實啊！我的一個朋友，是個男生，他已經把自己關在家裡好多年，可是他不但想走出去，更希望能有一份工作。他「想要改變」現在的自己。身為他的朋友，我可以保證他絕對是個認真、能對社會有貢獻的人。

可是，他對走出屋外有一種恐懼感。只要踏出一步，就會開始心悸、全身發抖，大概是某種精神官能症吧。就算想改變，也改變不了。

哲學家　你認為他無法離開房間的理由是什麼？

年輕人　詳細的情況我不是很清楚。或許是他和父母之間的關係，或是曾在學校或公司被別人欺負什麼的，導致他心理上有創傷吧。不，說不定剛好相反，可能是小時候太受寵愛之類的。總之，我對他的過去或家庭狀況知道的並不多。

哲學家　不論是哪個，你的意思是說，這位朋友的「過去」因為某些「原因」造成心理創傷，導致他現在走不出去，對吧？

年輕人　當然。有原因才會有結果啊。有什麼好奇怪的？

哲學家　那麼，我們假設他走不出去是因為小時候的家庭狀況好了。在成長過程中遭到父母家暴，在不知道什麼是愛的情況下長大成人。所以，不只對於和別人互動感到恐懼，也無法踏出房間一步。這是有可能的吧？

年輕人　很有可能。這樣應該會造成嚴重的心理創傷吧。

哲學家　然後你說「有原因才會有結果」，也就是說，過去所發生的事（原因）決定了現在的我（結果）。我可以這樣解釋吧？

年輕人　當然。

哲學家　好。如果真如你所說的，「過去」發生的事決定了人的「現在」，那會不會有點奇怪？難道不是嗎？除非所有在父母凌虐下長大的人，都跟你的朋友一樣把自己關在家裡不出去，否則就說不通啊。過去決定現在，原因支配結果，不就是這麼回事嗎？

年輕人　……您到底想說什麼？

哲學家　如果只聚焦在過去的原因，想用它來說明一切的話，就會落入「決定論」的框架中。也就是說，過去所發生的事已經決定了我們的現在和未來，而且無法動搖。不是嗎？

年輕人　您的意思是，和過去沒關係嗎？

哲學家　是的。這就是阿德勒心理學的立場。

年輕人　原來如此，彼此的對立點馬上就顯露出來了。可是老師，如果照您剛剛說的，難道我那位朋友是無緣無故就變得走不出去嗎？因為您認為這跟過去發生的事毫無關連。不過不好意思，我認為這是絕對說不通的。他會把自己關在家裡，背後一定有什麼原因，不然要怎麼解釋這一切？

哲學家　嗯，的確無法解釋。阿德勒心理學認為，**應該追究的，不是過去的「原因」，而是現在的「目的」**。

年輕人　現在的目的？

哲學家　你的朋友並非「因為不安，所以無法走出去」；要反過來想，是因為「不想走出去，所以製造出不安的情緒」。

年輕人　啊？

哲學家　意思是，你的朋友先有了「不要外出」的目的，為了達成這個目的所採取的手段，就是製造出不安跟恐懼。阿德勒心理學稱為「目的論」。

年輕人　開什麼玩笑！製造出不安跟恐懼？那麼老師認為我朋友是裝的囉？

哲學家　不是裝的。你朋友在當下所感受到的不安或恐懼都是真的，有時候甚至會嚴重到頭痛欲裂，或者產生劇烈的腹痛吧。不過這些症狀都是為了達成「不要外出」這個目的而製造出來的。

年輕人　怎麼可能！這種說法也太詭異了吧。

哲學家　不，這就是「決定論」和「目的論」的不同。你所說的一切，都以「決定論」為出發點。我們若一直抱持著這個觀點，連一步都無法向前邁進。

心理創傷並不存在

年輕人 既然您這麼肯定，那就請再詳細說明一下，「決定論」和「目的論」究竟有什麼不同？

哲學家 舉例來說，你因為感冒發高燒去看醫生，結果醫生從頭到尾只跟你說，你會感冒是因為昨天出門穿太少了。這樣能滿足你嗎？

年輕人 當然不能。不管感冒的原因是穿太少還是淋到雨都不打緊，問題在於「發高燒讓我很不舒服」這個事實和症狀。既然是醫生，就應該開藥或打針，提供專業的處置，好好幫我治療才行啊。

哲學家 但是那些從決定論出發的人，例如一般的諮商師或精神科醫師，都只會說：「你現在所受的痛苦，是因為過去的某件事。」然後安慰你說：「這不是你的錯。」就結束了。可以說，有關心理創傷的討論等等，都是決定論的典型。

年輕人 等一下！老師，所以您否定心理創傷的存在嗎？

哲學家 我堅決否定它的存在。

年輕人 天啊！老師您，不，阿德勒他真的是心理學大師嗎？

哲學家　**阿德勒心理學明確否定心理創傷**。這是相當嶄新而劃時代的論點。的確，佛洛伊德對心理創傷的論述是非常吸引人的：心裡背負的傷痛（創傷）造成現在不幸的遭遇。把人生當成一部「曠世巨作」來解釋。這種因果定律相當簡單易懂，戲劇性的展開更讓人揪心，有難以放手的魅力。

不過，阿德勒在否定心理創傷的相關論述中是這麼說的：「無論任何經驗，它本身並不是成功也不是失敗的原因。我們不要因自身經驗所產生的衝擊（也就是心理創傷）而痛苦，而要由經驗中找出能夠達成目的的東西。**不要由經驗來決定自我，而是由我們賦予經驗的意義來決定。**」

年輕人　找出能夠達成目的的東西？

哲學家　沒錯。請注意，阿德勒認為，決定自我的不是「經驗本身」，而是「賦予經驗的意義」。比如遭遇重大災害，或是幼兒時期遭受虐待之類的事，它對人格形成不是完全沒有影響，影響還是很大。重點在於，並不是因為發生了這些事就一定有什麼樣的結果。我們是藉著「賦予過去的經驗什麼意義」來決定自己的一生。人生不是別人給的，是我們自己選擇的。決定要怎麼生活的，是我們自己。

年輕人　這麼說，老師認為我朋友是自願把自己關在房裡的？是自己選擇的囉？別開玩笑了。他不是自願的，是被逼的，他是迫不得已才會變成現在這個樣子的！

哲學家　不對。假設你朋友認為「自己因為受父母虐待，所以無法適應這個社會」，那是因為他心中有一個希望如此想的「目的」。

年輕人　什麼樣的目的？

哲學家　近在眼前的一個目的，就是「不要外出」啊。為了不要外出，製造出不安與恐懼的感受。

年輕人　他為什麼不想走出去呢？這才是問題所在吧！

哲學家　那就想想看，如果你是父母，自己的孩子關在房裡不出來的話，你會怎麼樣？

年輕人　當然會擔心啊。怎樣才能讓他重返社會？怎麼幫他恢復精神？還有，自己教育孩子的方法是不是有問題？我一定會認真思考，用盡一切努力幫他回到人群。

哲學家　問題就在這裡。

年輕人　哪裡？

哲學家　只要不出門，一直關在房裡的話，父母就會擔心，就可以得到他們所有的關注。他們會像對待身上的腫瘤一樣，非常小心謹慎地對待自己。相反的，一旦從家裡走出去，他就會變成誰都不會多看一眼的「大多數人」，一個被陌生人包圍、平凡的「我」，甚至是遠不如其他人的「我」。於是，再也沒人會認真地對待……這種例子在繭居族中算是很常見的。

年輕人　要是依照老師的邏輯，我朋友已經達成「目的」，而且對現狀感到滿足，是嗎？

哲學家　他應該還是會有所不滿，也說不上幸福吧。但是，他依照「目的」而採取了行動是事實。**不只是他，我們每個人都會因為某些「目的」而活著**。這就是目的論。

年輕人　唉呀，這實在讓我難以接受。我朋友其實是……

哲學家　好了，你朋友的事我們再這麼繼續討論下去也不會有結果吧？而且當事人不在，這樣也不太好。我們再想想其他例子吧。

年輕人　那麼，這個例子如何？剛好是昨天我自己經歷過的一件事。

哲學家 喔?說來聽聽。

人,會捏造憤怒的情緒

年輕人 昨天下午,我正在咖啡館裡看書,從旁邊經過的服務生打翻了咖啡,剛好灑在我的衣服上。那是我才剛買、而且可以算是最好的一件上衣。我一下子暴怒起來,忍不住大聲吼了他。平常我是不會在公共場所大聲嚷嚷的。可是就只有昨天,整間店裡都是我大罵的聲音,因為憤怒使我完全失控了。那麼,您認為這當中有什麼「目的」之類的嗎?不管怎麼想,這件事都只是「原因」所引發的行動吧?

哲學家 也就是說,你是受到憤怒的情緒驅使而大聲怒罵。平常你個性溫柔敦厚,但昨天卻壓抑不住憤怒的情緒。那是不可抗力,你也無法控制是嗎?

年輕人 是。因為事情發生得太突然了,我連想都來不及想,就已經先大聲吼了出來。

哲學家　那麼，假如昨天你手上剛好有一把刀，在怒氣沖天的瞬間把對方殺了。你認為這種情況下，也能以「我實在無法控制，那是不可抗力」來為自己辯解嗎？

年輕人　這、這種說法太極端了吧！

哲學家　一點也不。否則照你的邏輯來說，受到憤怒驅使的每一個犯行，都是「憤怒」的錯，並不是當事人的責任，因為你說人無法抗拒情緒啊。

年輕人　那麼，老師您要怎麼解釋我的憤怒呢？

哲學家　很簡單。你並不是「受憤怒的情緒驅使而大聲吼叫」，你完全是「為了大聲吼叫而憤怒」。也就是說，為了達到大聲吼叫的目的，而製造出憤怒的情緒。

年輕人　您說什麼？

哲學家　你是先有了要大聲吼叫的這個目的，也就是想藉由大聲吼叫讓犯了錯的服務生屈服，照你說的去做。**為了達到這個目的，於是捏造了憤怒的情緒做為手段。**

年輕人　捏造？開什麼玩笑！

哲學家　不然你為什麼要大聲吼叫？

年輕人　剛剛不是說過了，是因為一時氣憤啊。

哲學家　不是。即使你沒有刻意大聲吼叫，只要好好說，服務生一定會鄭重向你道歉、用乾淨的布幫你擦拭、採取應有的處理；甚至還會幫你安排送洗。而你心中或許也預期對方會這麼做吧。

然而你還是大聲吼叫了。因為你覺得一一說明太麻煩了，於是選擇用更粗糙直接的手段想讓對方屈服，憤怒的情緒就成了你的工具。

年輕人　……不，我不會上當，我才不會上當！說什麼「為了讓對方屈服，所以捏造出憤怒的情緒」？我可以非常肯定地說，在事情發生的那一刻，我連一秒鐘都沒有思考，根本不是先想過才發脾氣的。所謂的憤怒，是一種突然爆發的情緒！

哲學家　沒錯，憤怒是瞬間的情緒。有一個例子是這樣的：某一天，一位母親和女兒拉高嗓門在吵架，突然間電話響了。「喂？喂？」母親匆忙接起電話，聲音聽起來還有點生氣。可是打電話來的，是女兒學校的班導師。一察覺到這件事，母親的聲音和語氣立刻變得很有禮貌，雙方客氣地聊了五分鐘左右，才放下話筒。就在這瞬間，母親又變了一張臉，繼續對女兒破口大罵。

年輕人 這種例子很常見啊。

哲學家 你還不明白嗎？說簡單點，**憤怒是可以收放自如的「工具」**。接起電話時可以瞬間壓抑下來，電話切斷之後又可以再度拿出來用。這位母親並不是抑制不住憤怒而破口大罵，她只是為了要用高分貝威嚇女兒，藉以貫徹自己的主張，而使用了憤怒的情緒。

年輕人 您說憤怒是為了達成目的的手段？

哲學家 所謂的目的論，就是這麼一回事。

年輕人 ……天呀，老師您帶著一張貌似溫柔的假面具，沒想到其實是個可怕的虛無主義者！不管是有關憤怒的說法，還是有關我繭居族朋友的狀況，您所有的看法都充滿了對人的不信任！

不受過去支配的生活方式

哲學家　我哪裡像虛無主義者了？

年輕人　您想想看。您否定人的情感，說它只不過是工具，是達成目的的手段而已。可是老師您知道嗎？否定情感，就會牽扯到否定人性！我們就是因為有情感、會受喜怒哀樂所牽動，才能叫做人！如果否定情感，人就會變成有缺陷的機器。這樣不叫虛無主義者，還能叫什麼？

哲學家　我並沒有否定情感的存在。誰都會有情緒、有感覺，這是理所當然的。只是你如果說「人是無法抵抗情感的」，那我一定否定到底。我們不是受情感控制而行動的。而且不論是從「人不受情感控制」或「人不受過去控制」的層面來說，**阿德勒心理學都是與虛無主義者對立的思想，是哲學。**

年輕人　不受情感控制，也不受過去控制？

哲學家　假設某人曾經歷父母離婚這件事好了。這就和十八度的井水一樣，是客觀事實沒錯吧？至於對這件事感到冰涼還是溫暖，就是「現在」，而且是主觀的感受。不論過去經歷過什麼事，你賦予它的意義，就決定了你的現在。

年輕人　您是說，問題不在「經歷過什麼事」，而是「如何解釋它」？

哲學家　沒錯。我們無法搭時光機回到過去，時鐘的指針也不會倒轉。如果你一直停留在決定論的觀點上，就會受到過去束縛，未來也永遠得不到幸福。

年輕人　沒錯！就是因為沒辦法改變過去，人生才會這麼痛苦！

哲學家　不只是痛苦。如果過去決定了一切，過去又無法改變的話，那麼活在此時此刻的我們，對人生就完全束手無策了。結果會變成怎樣呢？我們會對世界絕望，而且到頭來成為厭棄人生的虛無主義或悲觀主義者。佛洛伊德的決定論，可說是「心理創傷」最具代表性的論點，但他的決定論其實是變相的宿命論，是通往虛無主義的入口。你要認同那樣的價值觀嗎？

年輕人　我當然不願認同這種價值觀。可是就算我不認同，過去的力量還是很大啊！

哲學家　考慮一下可能性的問題吧。如果人可以改變，就絕不會把決定論當成價值觀的基礎，必須以目的論為立足點。

年輕人　反正您的意思就是要以「人是可以改變的」為前提，對吧？

哲學家　那當然。你要想清楚，其實佛洛伊德式的決定論，才是否定我們個人自由意志、把人視為機器的理論。

年輕人環視哲學家的書房。有一面牆全是書架，木製的小書桌上放著看起來寫到一半的原稿和鋼筆。「人並非受制於過去的原因而行動，而是朝向自己決定好的目的而行動」——這就是哲學家的主張。他所提倡的「目的論」，是一種徹底顛覆心理學因果定律的想法，讓年輕人實在難以接受。接下來，到底該從什麼地方切入，才能擊潰對方呢？年輕人深深吸了一口氣。

蘇格拉底與阿德勒

年輕人　我明白了。那就說說我另一位朋友的事吧。我有一位朋友Y，他總是樂觀開朗，就算是初次見面，他都能很自然地和人聊天，是個受大家歡迎、馬上就能把大家逗笑、陽光型的大男孩。而我卻是一個不擅長跟別人互動、在各方面有很多稜角的人。老師，您根據阿德勒的目的論，主張「人是可以改變的」，對吧？

哲學家　是的，我可以，你可以，任何一個人都可以。

年輕人　那麼，您認為我可以變成像Y那樣的人嗎？當然，我是打從心底想要變成他那樣的人喔。

哲學家　以現階段來說，應該不可能吧。

年輕人　哈哈，露出馬腳了吧！您打算收回您一貫的論點嗎？

哲學家　不，不是這個意思。很遺憾，你對阿德勒心理學還是一無所知。**改變的第一步，是要先知道**。

年輕人　您是說，我只要清楚知道這個阿德勒心理學什麼的，也能變成像Y那樣的人囉？

哲學家　為什麼這麼急著要答案呢？**答案，不是由誰來告訴你，應該自己親手去找才對**。從別人那裡得到的答案，不過只是頭痛醫頭，腳痛醫腳，一點價值都沒有。

舉例來說，蘇格拉底連一本親筆著作都沒留下，當時的他只顧著跟雅典人，尤其是年輕人在街邊唇槍舌戰。將他的學說和論述寫成書、流傳到後世的，是他的弟子柏拉圖。阿德勒也是一樣，他對寫書這件事幾乎不在意，只喜歡在維也納的咖啡館裡跟人們對話，或是在小型的討論團體中發表論述，絕不是一個只坐在扶手椅上埋頭苦幹的知識分子。

年輕人　您是說，蘇格拉底和阿德勒都是用對話的方式傳達他們的理念？

哲學家　沒錯。你心裡的這些疑問，應該都會在我們對話的過程中一一獲得解答，你大概也會因此有所改變吧。並不是我說的話產生了什麼效果，而是靠你自己完成的。我只是透過對話引導你找出答案，並不想剝奪你如此寶貴的體驗過程。

年輕人　所以我們會在這裡重現類似蘇格拉底或阿德勒曾經談論過的內容嗎？就在這個小書房裡？

哲學家　有什麼不滿意嗎？

年輕人　怎麼會不滿意？我可是求之不得呢！再久我都奉陪，我們可以不斷討論，直到您收回原來的論點，或是我心服口服為止。

你「甘於現狀」嗎？

哲學家 那麼，我們回到剛才的話題。你說，你想成為像Y那種更樂觀開朗的人，對嗎？

年輕人 可是您不是劈頭就告訴我不可能嗎？也是啦，事實上也應該是這樣。其實我只是想讓老師下不了臺，所以才試著問看看，我心裡有數，絕對不可能變成那樣的人。

哲學家 為什麼這麼想？

年輕人 很簡單啊，因為性格不一樣。說得更清楚一點，是氣質不同。

哲學家 喔。

年輕人 比如說，老師您被這麼多書籍包圍著。讀一本新書，就能吸收一些新知；也就是說，您的知識會不斷累積，讀得越多，知識就越豐富。當您吸收一些新的價值觀之後，就會覺得自己好像產生了某些變化。

不過很遺憾的是，不管我們累積了多少知識，做為基礎的氣質或性格還是不會變！基礎不穩固，有再多知識都沒用。是的，好不容易堆起來的知識一樣會塌下來，等到我發現的時候，早就被打回原形了！阿德勒的思想也一樣。不管我累積了多少有關他的知識，我的性格還是沒變，就只是單純把知識堆起來而已，過不了多久，還是會崩壞的！

哲學家　那我換個方式問好了。你為什麼想變成像Y那樣的人？不管是Y還是其他人都沒關係，反正你想變成另外一個人。你的「目的」到底是什麼？

年輕人　又是「目的」嗎？剛才已經說過了吧，因為我欣賞Y，而且也覺得自己如果可以變成他那樣的話，應該會很幸福。

哲學家　如果能變成他的話，應該會很幸福。這麼說來，你現在不幸福嗎？

年輕人　您……！

哲學家　現在的你感受不到幸福。為什麼？因為你不愛自己，所以把「變成別人」當做愛自己的手段。你想變成像Y一樣，拋棄現在的自己。不是嗎？

年輕人　……對啦，就是這樣！我承認我討厭自己！不管是像這樣半開玩笑和老師談論這些落伍哲學的自己，還是別無選擇的自己，我都討厭！

哲學家　沒關係。通常被問到是不是喜歡自己的時候，能夠抬頭挺胸說出「喜歡」的人大概沒幾個。

年輕人　老師呢？您喜歡自己嗎？

哲學家　至少不會想要變成別人，而且也能接納「這樣的我」。

年輕人　接納「這樣的我」？

哲學家　聽好了，不論你多想變成Ｙ，都不可能重生變成他本人。你不是Ｙ。你只要是「你自己」就行了。

但如果說到是不是做「現在這樣的你」就好，那又另當別論了。**如果在感受不到幸福的狀態下，繼續做「現在的你」應該不會好到哪裡去**。不要停下來，要繼續前進才行。

年輕人　您的話雖然說得有點重，不過的確是這樣沒錯。維持現在這種狀態的話，我是不會好到哪裡去的，應該往前走才對。

哲學家　再聽聽阿德勒怎麼說吧：「**重要的不是你經歷了什麼，而是你如何運用它**。」你之所以想變成Ｙ或某個人，是因為你只在意「經歷什麼」。事實上，你真正應該關心的是「如何運用」。

你的不幸，是自己「選」的

年輕人　唉，這是不可能的。

哲學家　為什麼不可能？

年輕人　為什麼？因為有人含著金湯匙出生，還有溫柔的爸媽；也有人出生在窮得要命、父母還很糟糕的家庭裡。這世界不就這麼一回事？雖然我不太想說，但這個世界是不公平的，再加上人種、國籍或民族的差異，一切都明擺在眼前，我們會在意「自己經歷什麼」也是理所當然的吧！老師，您剛剛說的根本就是紙上談兵，完全忽略現實！

哲學家　忽略現實的是你。執著於「經歷什麼」，現實就會有所改變嗎？我們不是可以退換貨的機器。**我們需要的不是更換，而是更新**。

年輕人　管他更換還是更新，對我來說都一樣！老師迴避了最重要的問題。您知道嗎？有些不幸是與生俱來的，請先承認這一點吧。

哲學家　我無法認同。

年輕人　為什麼?!

哲學家　比如說，現在的你感受不到幸福，對吧？不只感覺活得很痛苦，甚至打從心底希望變成別人。可是現在的你之所以不幸，是因為你親手選擇了不幸，並不是因為出生在不幸的環境下。

年輕人　自己親手選擇了不幸？您以為我會相信這種話嗎?!

哲學家　這不是什麼奇怪的話，古希臘時代就有這種說法了。你聽過「無人自願為惡」嗎？一般人都是從蘇格拉底的悖論知道這句話的。

年輕人　自願做壞事的人不是有一大堆嗎？那些搶劫殺人的當然不用說，貪污的政客或官僚應該也算吧？還不如說清廉正直的好人反而很少見呢。

哲學家　的確，以行為上的惡來說，這種人是有很多沒錯。但不管哪一種犯罪者，沒有人單純只是為了做壞事而做壞事。所有犯罪的人都有讓他犯罪的內在「正當理由」。比如說，因為金錢糾紛而殺人。對當事人來說，他因為自以為的「正當理由」而採取行動；換句話說，是在執行「自以為好」的「善」事。當然，這裡所說的「善」並不是指道德上的良善，而是「為了自己」的善。

年輕人　為了自己？

哲學家　希臘語的「善」跟道德沒有關係，純粹是「有用」的意思；另一方面，「惡」的意思是「沒有用處」。這個世界上雖然充滿各種不正當的犯罪行為，但沒有一個人自願採取「惡」，也就是「沒有用處」的行為。

年輕人　……這跟我有什麼關係？

哲學家　你在人生中的某個階段選擇了「不幸」。不是因為你生在不幸的環境中，也不是因為你陷入不幸的狀況，而是因為你判斷這種「不幸」對自己是一種「善」。

年輕人　怎麼可能？為了什麼？

哲學家　也許是為了你自己的「正當理由」之類的。我不知道你為什麼會選擇「不幸」，但其中的細節極有可能在我們接下來的對話中漸漸浮現出來。

年輕人　……老師，原來您打算用這種方式唬弄我！我絕對不會接受，那種哲學我是絕對不會接受的！

年輕人不禁從椅子上站了起來，瞪著哲學家。竟然說我這不幸的人生是自己選的？說它對我是一種「善」？這是什麼胡說八道的歪理！為什麼要這樣愚弄我？給我好好交代清楚！無論如何，我一定要推翻你的謬論，讓你臣服在我的腳下！年輕人整張臉都漲紅了。

人，常常決定「不要改變」

哲學家　請坐下。繼續爭論下去應該也不會有交集。讓我先針對剛剛那個話題的基本概念，也就是阿德勒心理學如何解釋人類做個簡單的說明。

年輕人　簡短！請您盡量簡短！

哲學家　剛才你說「人的性格或氣質是不能改變的」，關於這部分，阿德勒心理學是以**「生活型態」**（life style）來說明人的性格或氣質。

年輕人　生活型態？

哲學家　嗯。對人生採取的思考或行動的傾向。

年輕人　思考或行動的……傾向？

哲學家　就是個人如何看待這個「世界」，還有如何看待「自己」。你可以這麼想：把所有我們「賦予它意義」的概念集合起來，就是生活型態。狹義來說可以解釋成性格；廣泛來說，就包含了這個人的世界觀或人生觀。

年輕人 世界觀是指？

哲學家 假設有一個人因為「我有悲觀的性格」而苦惱。你把這句話修改成「我有悲觀的『世界觀』」試試看。此時，你就會認為問題不在自己的性格，而是自己擁有的世界觀。性格這種東西很微妙，總讓人覺得似乎是無法改變的；不過如果是世界觀，好像就有改變的可能。

年輕人 嗯，這部分有點難。您所說的生活型態，是不是跟「生活方式」差不多？

哲學家 也可以這麼說。說得貼切一點，就是「人生的姿態」。你一定認為氣質或性格跟自己的意志沒有關係。不過阿德勒心理學卻認為，生活型態是自己選的。

年輕人 自己選的？

哲學家 沒錯。**你選擇了自己的生活型態**。

年輕人 您是說，我不只選擇了「不幸」，連難搞的性格都是自己選的？

哲學家 就是這樣。

年輕人　哈！不管怎麼說，這個論點終究有碰壁的時候。在我意識到自己的性格前，早就是這副德性了，更別說我根本沒有什麼選擇個性的記憶，老師應該也是吧？說什麼性格可以自由選擇，這才是把大家當成機器人的說法吧！

哲學家　當然，「這樣的我」並不是有意識去選的，說不定一開始是無意識中做出決定的；至於你之前再三提到的外在因素，像是種族、國籍、文化還有家庭環境等等，也都會對選擇產生非常大的影響。不過就算是這樣，「這樣的我」也還是你自己選的。

年輕人　這是什麼意思？我到底是什麼時候選的？

哲學家　以阿德勒心理學的看法來說，差不多是十歲左右。

年輕人　好，那我退一步說，不，退一百步來說好了，就算我真的在十歲左右，而且還是在無意識的情況下選擇了這樣的生活型態，那又代表什麼？管他是性格，還是氣質、生活型態什麼的，我已經變成了「這樣的我」，事情不會有任何改變，不是嗎？

哲學家　不是這樣的。**如果生活型態不是天生的，而是自己選的，應該就有重新選擇的可能性。**

年輕人　重新選擇？

哲學家　或許你從來不知道自己的生活型態，甚至連這個概念都不曉得。當然，沒有人可以選擇自己的出身，包括生在這個國家、這個時代、這個家庭等等，這都不是自己選的，可是這些東西卻有非常大的影響力。你可能會覺得不滿，有時看著別人，心中甚至會想：「如果也能生在那種環境就好了。」

可是事情不能在這裡結束。問題不在過去，而在現在，就在「這裡」。現在，你在這裡知道生活型態是怎麼一回事，那麼將來要怎麼辦，就是你的責任了。是要繼續堅持原來的生活型態，還是重新選一個新的，全都在你的一念之間。

年輕人　那要怎樣重新選擇？光憑老師一句話：「喂！你的生活型態是自己選的，所以現在立刻重選吧！」難道就能改變嗎？

哲學家　不，你不是無法改變。無論何時何地，人都是可以改變的。**你之所以無法改變，是因為自己下定決心「不要改變」**。

年輕人　什麼？

哲學家　人們經常在選擇自己的生活型態。就算像現在這樣促膝長談的瞬間，我們依然在做選擇。你說自己是不幸的、希望立刻就能改變，甚至祈求可以重生變成其他人，可是到最後還是無法改變。為什麼？那是因為你自己不斷決定不改變自己的生活型態。

年輕人　不不不，這完全說不通嘛！我想改變，而且是發自內心、毫無虛假的。我怎麼可能下定決心不要改變?!

哲學家　大概是因為對你而言，現在的生活型態即使有點不方便或不順心，但相對來說，維持現狀還是比較容易控制、比較輕鬆吧。

如果繼續保持「現在的我」，該怎麼應付眼前發生的事，結果又會導致什麼狀況，這些大概都可以靠經驗推測出來。簡單來說，就像開一輛很習慣、很順手的老車，就算偶爾有點小狀況，也都在意料之中，可以輕鬆處理。

另一方面，要是選擇了新的生活型態，既不知這個全新的自我會遇到什麼狀況，也不知怎麼對付眼前發生的事。未來變得難以預料、生活充滿不安，搞不好會覺得接下來的日子更痛苦、更不幸。也就是說，**大家儘管有種種不滿，但保持「現在的我」還是比較輕鬆又安心的**。

年輕人　既期待又怕受傷害嗎？

哲學家　當我們打算改變生活型態時，這對我們的「勇氣」是一大考驗。是要選擇改變、面對「不安」？還是保持原狀、繼續和「不滿」糾纏不清？我想你應該是選擇了後者吧！

年輕人　……您又提到了「勇氣」。

哲學家　嗯。阿德勒心理學就是勇氣的心理學。你之所以不幸，並不是過去或環境造成的，更不是因為能力不足，只是「勇氣」不夠而已。換句話說，就是**缺乏「變得幸福的勇氣」**。

你的人生決定於「當下」

年輕人　變得幸福的勇氣……

哲學家　需要我進一步說明嗎？

年輕人　不，請等一下。我現在覺得好混亂。老師，您一開始說這世界是單純的，它看起來複雜是因為「我」的主觀認定；也因為「我」把人生變複雜了，所以導致自己陷入無法幸福的困境裡。

接著您又說，應該從目的論的觀點來解釋，而不是從佛洛伊德式的決定論。不該從過去尋找原因，同時又否定心理創傷的存在，還有，人不是被過去的原因所推動的，而是為了達成某種目的而採取行動。

哲學家 是的。

年輕人 然後以目的論為前提，說明「人是可以改變的」，而且人們常常選擇自己的生活型態。

哲學家 就是這樣。

年輕人 我一直沒有辦法改變，是因為我自己不斷決定「不要改變」；我沒有足夠的勇氣去選擇新的生活型態，也就是缺乏「變得幸福的勇氣」，所以才會不幸。我的理解應該沒錯吧？

哲學家 沒錯。

年輕人 那麼，接下來的問題是：具體來說，應該怎麼做才能「改變生活型態」？這部分您還沒說明。

哲學家 的確。你現在應該做的第一件事是什麼呢？就是**要有「捨棄現有生活型態」的決心**。

比如你剛剛說：「如果可以成為像Y那樣的人，就能變得幸福。」像這樣，**只要你一直活在「如果怎麼樣的話……」的可能性之中，就不可能改變**。為什麼？因為你會把「如果可以成為像Y那樣的人」當成不改變的藉口。

年輕人　當成不改變的藉口？

哲學家　我有一位年輕的朋友，他夢想成為小說家，卻一直沒有寫出什麼作品。他的說法是，因為工作太忙，沒有時間讓他隨心所欲地寫小說，結果當然沒有寫出東西來，更別說參加什麼文學獎甄選了。

事情真的是這樣嗎？事實上，他只是藉著不參加甄選，保留一點「只要我願意，一定做得到」的可能性。他不想被人批評，更不想面對自己那麼糟糕的作品萬一落選的現實。他只想活在「只要時間夠的話，我也可以」「只要環境許可，我也能寫」或是「我真的有才華」的各種可能性之中。再過個五年、十年，他應該就會開始找別的理由，像是「我已經老了」或「我有家庭要顧」之類的藉口吧。

年輕人　……他的心情，我非常能體會。

哲學家　去參加甄選，就算落選也沒關係，說不定還會因此得到更多成長，或是了解到自己應該換條跑道。總之，不管怎樣，都能往前邁進。剛剛所說的改變生活型態，就是這麼回事。如果不參加甄選、不接受挑戰，就哪裡也去不了。

年輕人　或許是擔心夢想會因此破碎吧！

哲學家　你覺得呢？最單純的目標，也就是該做的事明明就在眼前，卻又要拚命替自己找一堆「不去做的理由」，你不覺得這樣活得很辛苦嗎？夢想成為小說家的他，正是把「自己」的人生變得複雜，讓幸福生活難以實現的實例。

年輕人　……太苛求了。老師您的哲學實在太嚴苛了！

哲學家　或許算得上一帖猛藥吧。

年輕人　當然是一帖猛藥！

哲學家　不過，一旦改變了對世界和自己的定義（生活型態），你與世界之間的所有關連和行動也非改變不可。請不要忘了這個「非改變不可」的部分。你還是「你」，只需要重新選擇生活型態就可以。或許有點嚴苛，但很單純。

年輕人　不是這樣。我說的嚴苛不是這個意思！「心理創傷並不存在，跟外在環境也完全無關。所有的一切都是咎由自取，你的不幸是自己造成的。」聽了老師的話，讓我覺得自己好像被判了罪！

哲學家　不，這不是在判你的罪；阿德勒的目的論反而是說：「**無論之前你**

的人生發生過什麼事，那對你將來要怎麼過日子一點影響也沒有。」決定你人生的，是活在「當下」的自己。

年輕人　在當下決定我自己的人生？

哲學家　是的，因為過去種種並不存在。

年輕人　……好吧。老師，我實在沒有辦法百分之百同意您的論點，而且還有很多地方有疑問、想提出反駁。不過說真的，也有些說法值得我仔細思考，甚至讓我想進一步了解阿德勒心理學。今天晚上我們就先到這裡吧，請允許我下星期再來打擾您。說實在的，我覺得整個腦袋已經快要爆炸了。

哲學家　沒問題。的確需要花點時間想一想。我一直都在這裡，你方便的話，隨時都可以過來。這樣的討論讓我很開心，謝謝你。下次再來聊聊吧。

年輕人　最後還有一件事。今天接連討論了一些比較有衝突性的話題，我想我可能說了一些失禮的話，真是對不起。

哲學家　別放在心上。你可以去翻翻柏拉圖的《對話錄》。蘇格拉底的弟子們在和他討論的時候也毫不客氣，言詞及態度更是尖銳到令人驚訝的地步。其實這原本就是討論時應該有的態度。

第二夜　所有煩惱都來自於人際關係

年輕人老實地遵守了約定，在一個星期過後又來到哲學家的書房。他本來想拖個兩、三天，但在一番深思後，年輕人原本的疑慮轉變為確信，也就是：目的論根本就是詭辯，心理創傷確實是存在的；人不但無法忘記過去，也難以從過去解脫。今天一定要提出一些論述，把那位怪異哲學家的觀點攻擊到體無完膚，讓所有事情有個定論。

為什麼討厭自己？

年輕人　老師，我後來冷靜思考了很久，還是沒辦法同意您的論點。

哲學家　喔，覺得哪裡有問題嗎？

年輕人　例如上一次，我承認我討厭自己。無論如何都只看得到自己的缺點，怎麼也找不到喜歡的理由。不過我當然還是希望可以變得喜歡自己。老師您什麼都用「目的」來解釋，那麼到底我有什麼目的，還是為了得到什麼利益，才會這麼討厭自己？討厭自己應該得不到任何好處吧？

哲學家　原來如此。你覺得自己沒有優點，只有一堆缺點。先不管事實如何，至少你有這種感覺，也就是對自己的評價非常低。問題是，你為什麼會有這種自卑的感覺？為什麼這麼看不起自己？

年輕人　事實就是我沒有優點呀。

哲學家　不是的。你之所以只看得到自己的缺點，**是因為你下了決心「不要喜歡自己」**。為了達成不喜歡自己的目的，才會不看自己的優點，只注意缺點。請你要先了解這部分。

年輕人　下決心不要喜歡我自己？

哲學家　嗯。不要喜歡自己，對你而言就是一種「善」。

年輕人　為什麼？我為什麼要這樣做？

哲學家　這個部分或許還是留給你自己去思考比較好。你認為自己有哪些缺點？

年輕人　相信老師您也注意到了吧。首先是我的性格。我對自己沒有信心，對任何事情都感到悲觀。再來就是自我意識過剩吧。我很在意別人的眼光，而且老是懷疑別人，一舉一動都很不自然，總覺得好像有點做作。如果只是性格也就算了，但連長相和身材，都沒有一樣是讓我滿意的。

哲學家　像這樣一一說出自己的缺點，感覺如何？

年輕人　您也太壞心了吧！當然是覺得很不愉快啊。唉，像我這種彆扭難搞的人，根本沒有人想理我吧。換成是我，身邊有這種麻煩的人，我也會躲得遠遠的。

哲學家　原來如此。結論已經出現了。

年輕人　什麼意思？

哲學家　如果拿自己當例子不容易理解的話，就讓我說說別人的例子吧。我在這間書房，也會為別人做一些簡單的諮商。這是好多年前的事了，曾經有位女學生來到這裡，嗯，就剛好坐在你現在坐的那張椅子上。

當時，她的煩惱是「臉紅恐懼症」。她說，她看到人就會臉紅，無論如何都想把這個毛病治好。我問她：「如果臉紅恐懼症治好了，妳想做些什麼？」結果她告訴我，她有一個希望可以進一步交往的對象。她一直暗戀那個男孩子，卻還沒有表明自己的心意。只要治好了臉紅恐懼症，她就打算跟他告白，希望兩人可以交往。

年輕人 哇！很好呀。果然很像女生會找人商量的話題。要對心中愛慕的人告白，當然得先把臉紅恐懼症治好。

哲學家 但事實真是如此嗎？我的診斷並不是這樣。她為什麼會得到臉紅恐懼症？又為什麼治不好？那是因為她自己「需要這種臉紅的症狀」。

年輕人 怎麼會？您在說什麼啊？她不是來找您幫忙治療嗎？

哲學家 你認為對她來說，最害怕、最想逃避的事情是什麼？當然就是被男方拒絕。因為失戀會否定所有關於「自我」的存在或可能性。青春期的失戀在這個面向具有強大的影響。

可是只要她保有臉紅恐懼症一天，就可以順理成章地認為「我沒辦法和他交往，因為有臉紅恐懼症」。除了不必鼓起勇氣告白，就算對方真的拒絕，自己也覺得比較能接受。到最後，就可以活在這種「如果我的臉紅恐懼症治好的話，我其實也可以……」的可能性之中。

年輕人 您是說，她編造這個臉紅恐懼症做為自己無法告白的藉口，或是萬一被對方拒絕時的一種保護？

哲學家 說白一點，就是這麼一回事。

年輕人　有意思，的確是很有意思的說法。不過要真是這樣的話，豈不是什麼辦法都沒有了？因為她一方面需要臉紅恐懼症，卻又同時因為這個症狀而苦惱，不是嗎？煩惱永遠沒完沒了。

哲學家　當時我是這麼跟她說的：「像臉紅恐懼症這種程度的毛病，很容易治療。」「真的嗎？」「可是我不會幫妳治。」「為什麼？」「因為多虧了臉紅恐懼症，妳才能接受對自己或社會的不滿，並接納這個不太如意的人生。」「哪有這種……」「如果我幫妳治好了臉紅恐懼症，可是其他情況沒有好轉的話，妳會怎麼做呢？一定是再回來要求我：『請再讓我變回有臉紅恐懼症的狀態吧。』這種事我可就辦不到了。」

年輕人　嗯。

哲學家　不是只有她會這樣。比如說，有的考生會想：「我如果考上，人生就會變成彩色的。」或是上班族可能會想：「只要換個工作，一切都能順利。」但就算他們真的辦到了，狀況還是極有可能依然沒變。

年輕人　沒錯。

哲學家　所以當諮詢者希望治療臉紅恐懼症時，諮商師是不能去醫治那個症狀的。要是那麼做的話，復原恐怕就更困難了。這就是阿德勒心理學的想法與見解。

年輕人　那實際上該怎麼做？難不成聽完對方的煩惱之後，就放在一邊不管了嗎？

哲學家　她缺乏自信，認為就這樣向對方告白的話，一定會被拒絕，非常害怕這麼一來，自己會更沒自信而受傷，所以才誘發出臉紅恐懼症的症狀。我所能做的，是先讓她接受「現在的自己」，不論結果如何，都讓她擁有前進的勇氣。在阿德勒心理學中，稱這種引導方式為「**鼓勵**」。

年輕人　鼓勵？

哲學家　對。關於它的涵義，等我們進一步討論時，再做有系統的說明吧。現在還不到那個階段。

年輕人　如果可以得到老師充分的說明，那倒無所謂。我會先把「鼓勵」這個名詞放在心上……結果呢？後來她怎麼樣了？

哲學家　她說，有一次和朋友出去玩，那個男孩子也在其中。據說最後是對方主動向她告白，提出交往的請求。當然，從那之後，她就再也沒來過這間書房。後來臉紅恐懼症變得如何，我不知道。但是我想，應該不再需要了吧。

年輕人　至少可以確定不再需要了吧？

哲學家　是啊。那麼我們藉著她的故事來想想你的問題吧。你說現在只看得到自己的缺點，怎麼也找不到喜歡自己的理由。接著，你不是又說「像我這種彆扭難搞的人，根本沒人想理我吧」？

你懂了嗎？為什麼你會討厭自己？為什麼讓自己只看得到缺點，變得不喜歡自己？**那是因為你過分害怕被別人討厭、在人際關係中受傷所導致的。**

年輕人　怎麼說？

哲學家　就像有臉紅恐懼症的她害怕被男生拒絕一樣，你也擔心被別人否定，害怕被別人嘲弄、拒絕，怕自己的心受到重傷。所以你認為，與其要陷入那種劣勢中，不如一開始就不要和別人有瓜葛。也就是說，**你的「目的」是「不要在人際關係中受傷害」**。

年輕人　……

哲學家　那麼，要怎麼達到這個目的呢？答案很簡單。只要找出自己的缺點、討厭自己、變成一個不跟其他人建立關係的人就行了。像這樣，把自己變得性格孤僻、不和任何人有關連，即使被別人拒絕時，也可以當成很充分的藉口。例如：我就是因為有這些缺點才會被拒絕；如果不是這樣的話，我一定也會大受歡迎。

年輕人 ……哈哈，完全被您拆穿了呢！

哲學家 不可以逃避。缺點一大堆的「這個自己」，對你來說，是無可取代的「善」，也就是「有用處」的。

年輕人 天啊，根本是虐待狂！您簡直就是惡魔！沒錯，就是這樣！我害怕。我不想在人際關係中受傷，被別人拒絕，甚至否定自己的存在，都讓我害怕得不得了！我現在不是承認了嗎？就是這樣啦！

哲學家 願意承認是很了不起的。可是請不要忘了，要在人際關係之中不受傷害，基本上是不可能的。一旦踏出與人建立關係的那一步，就難免會受大大小小的傷，同時也會傷害某些人。阿德勒說：「要除去所有煩惱，唯有獨自一人存活在宇宙中。」不過那是不可能的。

所有煩惱都是「人際關係的煩惱」

年輕人　請等一等！這句話可不能聽聽就算了！「要除去所有煩惱，唯有獨自一人存活在宇宙中。」這句話是什麼意思？如果自己一個人活著的話，不是會感到非常孤單寂寞嗎？

哲學家　會感到孤單寂寞，並不是因為只有自己一個人的緣故。當你實際感覺到那些原本圍繞在你身邊的社會、團體還有其他人，竟然將你排除在外時，那才是真正的孤獨。**我們就算要感受孤獨，也需要其他人的存在**。換句話說，人，只有置身於社會的脈絡中，才能稱為「個人」。

年輕人　如果真的是一個人，也就是宇宙中只有一個人的話，就不再是「個人」，也不會感覺孤獨？

哲學家　恐怕連「孤獨」這種概念都不會產生吧。既不需要語言，也不需要什麼原則、道理或常識。只是這種情況是不可能發生的。即使你住在無人島，都會想到大海那一端的「某個人」。就算是一個人度過的夜晚，也會忍不住豎起耳朵，想聽聽某人熟睡中的呼吸聲。只要在某處有某個人，孤獨就注定存在。

年輕人　可是老師，如果把您剛剛的話換一種說法，是不是就表示「如果可以自己一個人生活在宇宙中，煩惱就會消失」呢？

哲學家　理論上是這樣沒錯。總之，阿德勒斷言「**人類的煩惱，全都是人際關係的煩惱**」。

年輕人　您說什麼?!

哲學家　要我說幾次都行，「人類的煩惱，全都是人際關係的煩惱」，這是阿德勒心理學的基本概念。如果人際關係從這個世界上消失了，也就是宇宙中真的只有一個人，完全沒有其他人存在，所有煩惱應該也會跟著消失了吧。

年輕人　騙人！那只是你們這些學者的詭辯！

哲學家　當然，要讓人際關係消失是不可能的事。人類在本質上，就是以他人的存在為前提，原則上是沒辦法跟他人切割而獨活的。所以當「宇宙中如果只有一個人」這個前提無法成立時，就是像你所說的沒錯。

年輕人　我要說的不是這個！的確，人際關係是個大問題沒錯，這一點我承認。不過如果說所有煩惱都來自於人際關係，也未免太極端了！難道您要否定那些在人際關係之外、屬於個人的痛苦掙扎，還有關於自我的種種煩惱嗎？

哲學家　個人就能終結的煩惱，也就是**所謂「內在的煩惱」並不存在**。不管是哪一種煩惱，裡面一定有別人的因素介入其中。

年輕人　老師，您這樣也能算是哲學家嗎？人類還有一些比人際關係這種問題更高尚、更重大的煩惱！幸福是什麼？自由是什麼？還有，人生的意義又是什麼？這些不也是從古希臘以來，許多哲學家不斷提出質疑及論述的題目嗎？您說什麼？人際關係是一切的根源？這是多庸俗的答案，哲學家聽了都要目瞪口呆啊！

哲學家　我知道了，看樣子我們需要一些更具體的說明。

年輕人　是的，請您說清楚！如果您要自稱哲學家的話，這個部分務必請您好好說清楚！

哲學家說了。因為你過於恐懼人際關係，所以變得討厭自己。你藉由討厭自己來逃避人際關係。面對這樣的指摘，年輕人感到極大的震撼與不安。他不得不承認，因為這些話一針見血。只是針對「人類所有煩惱都來自於人際關係」這個主張，他必須明白表示否定。阿德勒矮化了人類所承擔的種種問題。我可不是因為那些庸俗的煩惱而感到痛苦的！

自卑感，是一種主觀的認定

哲學家 關於人際關係，我們換個角度來說吧。你知道「自卑感」這個詞嗎？

年輕人 這不是明知故問。從我們一開始到現在的對話中，您應該已經知道了吧，我這個人完全就是自卑感的集結與化身。

哲學家 具體來說，是什麼樣的自卑感？

年輕人 像是只要在報上看到和我同時代的人表現得很傑出或很活躍，我就會有一種無法自拔的自卑感。明明年紀差不多，人家的表現那麼活躍，那我到底在做些什麼？或是看到朋友幸福的模樣，我在祝福他之前，總是會先感覺到嫉妒或焦躁。當然，除了討厭自己這張滿是痘痘的臉，對於學歷、職業或收入，還有社會地位也都有強烈的自卑感。總之，全身上下沒有一個地方不自卑。

哲學家 我明白了。順帶一提，像你剛剛話裡所說的「自卑感」，最早其實是由阿德勒開始的。

年輕人　喔，這個我倒是頭一次聽說。

哲學家　在阿德勒所使用的德文中，自卑感「Minderwertigkeitsgefühl」這個詞是由「價值（Wert）」「較少（minder）」和「感覺（Gefühl）」所組成的。也就是說，自卑感這個詞跟自我的價值判斷有關。

年輕人　價值判斷？

哲學家　好比說：自己是沒有價值的、自己的價值不過如此之類的感覺。

年輕人　啊，如果是那種感覺的話，我很清楚。我自己就是這樣。每天不斷自責，覺得自己真是連活著的價值都沒有。

哲學家　好，接下來說說關於我的自卑感吧。當你第一次見到我的時候，有什麼印象？我指的是身體上的特徵。

年輕人　嗯，這個嘛……

哲學家　你不用顧慮，坦白說。

年輕人　嗯，怎麼說呢，覺得您的個子比我想像中還矮一點。

哲學家　謝謝你的回答，我的身高是一百五十五公分，據說阿德勒也差不多這麼高。過去的我，也大概是到你這個年紀為止，曾經一直為自己的身高煩惱不已。覺得自己要是能跟一般人差不多高，例如再多個二十公分、不，至少十公分也好，某些事情應該會有所改變吧？說不定可以活得更快樂？於是有一次我把這個想法提出來跟朋友討論，結果他斷然回了我一句：「無聊！」

年輕人　……太過分了！那個人怎麼這樣！

哲學家　接著，他說：「變那麼高要做什麼？你擁有的是讓人放鬆、無拘無束的能力。」的確，高大強壯的男性有時候可能會給對方一種壓迫感。如果換成小個子的我，對方很自然就會卸除心防。原來是這麼回事，他讓我了解到，不論對我或對周圍的人來說，「小個子」這件事都是受歡迎的；也就是價值得到了轉換。現在我已經不會再為自己的身高煩惱了。

年輕人　嗯，不過那是……

哲學家　請聽我說完。重要的是，我這一百五十五公分的身高並沒有「低人一等」。

年輕人　沒有低人一等？

哲學家　就事實來看，它並沒有欠缺或不如人的地方。雖然一百五十五公分的身高的確比平均值還低，再加上這個數值還是經過客觀測量的，乍看之下難免覺得差了一點。可是，**問題在於：我賦予這樣的身高什麼意義？給它什麼樣的價值？**

年輕人 這是什麼意思？

哲學家 我對自己身高所感受到的，只不過是跟他人比較，也就是人際關係中所產生的一種「主觀的自卑感」。如果沒有其他可比較的人存在，我應該連想都不會想到自己的身高問題。你現在同樣因為種種自卑感而痛苦，對吧？但是你要明白，這些都不是「客觀的自卑感」，而是主觀的感受。就連身高這樣的問題，都還是要回到主觀認知上。

年輕人 您的意思是，**這些折磨我們的自卑感並不是「客觀的事實」，而是「主觀的解釋」**？

哲學家 正是如此。我因為朋友那句「你擁有的是讓人放鬆、無拘無束的能力」而注意到這件事。原來當我用「讓人放鬆、無拘無束」或是「不給人壓迫感」這樣的觀點來看時，自己的身高還是有它相應的長處。當然，這是主觀的解釋，甚至可以說是一廂情願的想法。不過主觀有個唯一的好處，就是可以任由自己選擇。到底要把自己的身高當成優點還是缺點，全都交給主觀意識來決定，也因為如此，我們才有辦法自由選擇。

年輕人 就是您之前提過的論點，重新選擇生活型態，是嗎？

哲學家 是的。我們無法改變客觀事實，卻可以隨意更改主觀的解釋；而我們，都住在主觀世界裡。記得一開始就跟你說明過了，對吧？

年輕人 嗯，那個十八度的井水。

哲學家 請你想一想自卑感的德文「Minderwertigkeitsgefühl」。剛才我提過，自卑感這個詞和自我價值判斷有關。那麼，價值到底是什麼呢？

例如交易價格很高的鑽石或是貨幣。我們在其中尋找某種價值，然後訂下一克拉多少錢啦，或是物價該如何等等。可是當我們換個看法的時候，鑽石這種東西，不過就是顆石頭罷了。

年輕人 理論上是這樣啦。

哲學家 也就是說，所謂的價值，必須在社會脈絡中才能成立。一美元紙鈔所被賦予的價值雖然是一種常識和共通的感覺，卻不是客觀的價值。如果把它從印刷品的角度來考慮原本的價值，根本就不值一美元。

如果這個世界上除了我之外，再沒有別人的話，我說不定會把一美元紙鈔丟進冬天的暖爐裡燒掉，或是當成衛生紙拿來擤鼻涕。同樣的，應該也不會為自己的身高而煩惱。

年輕人　……這個世界上除了我之外，再沒有別人存在的話？

哲學家　嗯。說穿了，價值的問題到最後同樣也還是要還原到人際關係。

年輕人　而且又會和「所有煩惱都是人際關係的煩惱」這句話有所連結吧？

哲學家　沒錯。

當成藉口的自卑情結

年輕人　不過真的可以斷定自卑感就是人際關係的問題嗎？比如說，有些社會上看起來很成功的人，也就是在人際關係上已經沒有必要卑躬屈膝的人，多少還是有那麼一點自卑感吧？即使是億萬富翁、絕世美女，或是奧運金牌得主，大家都有各自的煩惱與自卑；至少在我眼中看起來是這樣。這些又該怎麼說明呢？

哲學家　阿德勒也承認，人人都有自卑感。自卑感本身並不是什麼壞事。

年輕人　人到底為什麼會有自卑感？

哲學家　這裡必須依序來好好了解。首先，人是在無能為力的狀態下來到世上的。為了擺脫這種無力的狀態，會有一些普遍的需求和欲望。阿德勒稱為「**追求卓越**」。

年輕人　追求卓越？

哲學家　很簡單，你只要把它想成「向上心的表現」或「追求理想狀態」就可以。例如：蹣跚學步的孩子學會用雙腳站立；學會說話、自由地和其他人溝通。大家都想擺脫無力的狀態，並擁有奮發向上的普遍需求和欲望。對整個人類史來說，科學的進步也算是「追求卓越」吧。

年輕人　原來是這樣，所以呢？

哲學家　和它相對應的概念，就是自卑感。任何人都是在追求卓越，也就是「想奮發向上」，訂定某些理想或目標後，就向前邁進。但是**當理想無法達成時，就會對自己產生一種低劣無能的感覺**。以廚師為例，越是志向遠大的人，越會有一種「廚藝還不夠純熟」或是「一定要做出更極致的料理才行」這樣的自卑感。

年輕人　嗯，的確是。

哲學家　阿德勒認為：「無論是追求卓越還是自卑感，都不是疾病，而是一種對努力與成長來說健康和正常的刺激。」只要用對了，即使是自卑感，還是可以成為努力與成長的催化劑。

年輕人　把自卑感當成發條的意思嗎？

哲學家　是的。為了消除自己的自卑感更加努力向前、不滿足於現狀、即使只有一步也要踏出去、讓自己變得更幸福等等。這樣的自卑感是不會有問題的。但有些人失去前進的勇氣，也不能接受「狀況會因為現實中的努力而改變」的事實。在還沒做之前就認為「反正我不行」或「就算努力了又怎樣」，輕言放棄。

年輕人　唉，沒錯。自卑感重的時候，無論是誰都會變得很負面，很容易覺得「反正我不行」。自卑感不就是這麼一回事嗎？

哲學家　不，那不是自卑感，而是**自卑情結**（complex）。

年輕人　情結？也是在說自卑感嗎？

哲學家　請注意，現在一般人常把「情結」當成與自卑感同義般的詞在使用。

例如「我對自己的單眼皮有種（自卑）情結」或是「他對自己的學歷有（自卑）情結」這樣的說法，但這完全是誤用。「情結」這個詞是表示錯綜複雜，而且倒錯的一種心理狀態，和自卑感沒有關係。情結，用法就像佛洛伊德提出的「戀母情結」，對於父母親中與自己同性別的那一方懷有一種倒錯的反抗心理那樣。

年輕人 啊～這麼說來，戀母情結或戀父情結中的「情結」，的確是倒錯的意味比較濃厚沒錯。

哲學家 同樣的，「自卑感」和「自卑情結」也必須確實區分清楚，不要混淆。

年輕人 具體來說，有什麼不一樣？

哲學家 自卑感本身並不是不好，這個部分你已經明白了吧？就像阿德勒說過的，自卑感可以成為努力或成長的契機。例如學歷，就算有自卑感，只要下定決心，「因為我的學歷低，所以要比別人更加倍努力」，這樣不是更好？

至於**自卑情結**，**是指開始把自卑感當成某種藉口使用的狀態**。具體來說，認為「因為我的學歷低，所以無法成功」，或是「因為我長得不好看，所以結不成婚」。像這樣，在日常生活中大聲宣揚「因為A，所以達不到B」這種論點的，就已經不算是自卑感，而是自卑情結了。

年輕人　不，不是這樣，這些事情的確有因果關係！如果學歷低的話，就業或出人頭地的機會就少，只要在社會上被別人看扁，就很難成功。這些並不是藉口，而是不爭的事實，不是嗎？

哲學家　不對。

年輕人　為什麼？哪裡不對？

哲學家　關於你所說的這種因果關係，阿德勒以「**表面上的因果律**」來說明。就是**把本來完全沒有因果關係的事物，對自己說得好像關係有多麼重大似的，並讓自己接受這種說法**。例如上一次提過，有人說「自己一直沒辦法結婚，是因為小時候經歷過父母離婚的緣故」。以佛洛伊德的決定論來看，父母離婚是一個很大的創傷，所以和自己的婚姻觀有確實的因果關係。但是阿德勒站在目的論的角度看，這樣的說法根本就是「表面上的因果律」，不值得一提。

年輕人　可是現實生活中，擁有高學歷的確比較容易在社會上獲得成功！這樣的社會經驗，老師您應該也有吧？

哲學家　問題在於，要怎麼面對這種現實生活。如果認為「因為我的學歷低，所以無法成功」，那就不得不解釋為「不想成功」，而不是「無法成功」。

年輕人 不想成功？這是什麼道理？

哲學家 簡單說，就是害怕跨出那一步，而且不想付出實際的努力。不想為了改變而犧牲目前所擁有的享受與快樂，例如花在玩樂或個人興趣上的時間等等；也就是缺乏改變生活型態的「勇氣」。所以對目前的狀態即使感到有些不滿或不方便，卻還是覺得維持原狀比較輕鬆愉快。

自傲的人，同時也感到自卑

年輕人 或許是那樣沒錯啦……

哲學家 還有，如果把對學歷懷有自卑情結，認為自己「因為學歷低所以無法成功」的想法反過來說，就會變成「只要學歷高，我就可以非常有成就」。

年輕人 嗯，的確是。

哲學家 這就是自卑情結的另一個面向。以言語或態度表現出自己的自卑情結，說出「因為A，所以達不到B」的人，**他們所要暗示的言下之意是：如果不**

是因為A，我其實是有能力、有價值的。

年輕人　「如果不是因為這樣，其實我也可以辦得到」的意思嗎？

哲學家　是的。關於自卑感，阿德勒指出「沒有人能忍受長期懷有自卑感的狀態」。雖然大家都有自卑感，但是那種狀態的負擔重到讓人無法長久忍受。

年輕人　嗯？這個部分聽起來有些混亂?!

哲學家　讓我們一個個說清楚吧。懷有自卑感的狀態，也就是現在的「我」感覺上似乎還有所欠缺的狀態。這麼一來，問題就是……

年輕人　如何填補欠缺的部分，對嗎？

哲學家　沒錯。欠缺的部分要怎樣補足呢？最健康的態度是，透過努力與成長來補足，例如努力求學、不斷練習或認真工作等等。

然而沒有這份勇氣的人，往往會陷入自卑情結。以剛才的例子來說，「因為學歷低，所以無法成功」，就會變成用「只要學歷高的話，我就可以輕易獲得成就」來暗示自己是有能力的。現在的自己只不過受限於學歷的框架、懷才不遇，「真正的我」其實是很優秀的。

年輕人　咦？後面所說的已經不是自卑感的問題，根本就是虛張聲勢了，不是嗎？

哲學家 沒錯。自卑情結的確會發展成另一種特殊的心理狀態。

年輕人 是什麼？

哲學家 你也許對這個詞不太有印象，那就是「**優越情結**」。

年輕人 優越情結？

哲學家 雖然深受強烈的自卑感所苦，卻沒有勇氣以努力與成長這種健康的手段來補足，也無法忍受「因為A，所以達不到B」這種自卑情結、不能接受「無能為力的自己」。如此一來，就會想用更加簡便的方式來彌補。

年輕人 怎麼做？

哲學家 **表現得好像自己很優秀，沉浸在虛偽的優越感之中**。

年輕人 虛偽的優越感？

哲學家 以身邊常見的例子來說，「展現權威」就是其中一種。

年輕人 那是什麼？

哲學家 比如刻意表示自己和一些有權勢的人——從班長之類的幹部到名人等等各種身分的人——關係很好，藉機跟別人炫耀自己好像有多特別。另外，像謊報自己的學經歷，或在裝扮上極度崇拜名牌之類的，都是一種權威的展現，屬於優越情結的另一個面向。無論哪一種，都不是因為「我」很優秀或很特別，而是藉著「我」和權威的結合，讓別人覺得「我」好像很優秀的樣子。也就是一種虛偽的優越感。

年輕人　所以他們在骨子裡其實有一種強烈的自卑感？

哲學家　沒錯。我雖然對時尚不是很了解，但是像那種十根手指頭全都戴上紅寶石或祖母綠戒指的人，與其說美感有問題，不如當成是自卑感的問題或優越情結的表現比較恰當。

年輕人　的確是。

哲學家　不過，這種藉由權威的力量來膨脹自我的人，終究還是活在別人的價值觀裡，過著別人的人生。所以我必須特別提出來指正。

年輕人　嗯，優越情結嗎？實在是很有意思的心理。您可以舉出其他不同的例子嗎？

哲學家　舉例來說：想炫耀自己的功勞、執著於過去的光環、老是在說當年勇……說不定你身邊也有這樣的人。這些也都算是優越情結。

年輕人　炫耀自己的功勞嗎？這種態度雖然驕傲自大，但也是因為真的很優秀，才會拿出來炫耀，不應該說成虛偽的優越感吧。

哲學家　不是這樣的。刻意拿來說嘴炫耀的人，其實是因為對自己沒信心。阿德勒很明確地指出：「**如果有人自吹自擂，不過是因為他感到自卑罷了。**」

年輕人　所以驕傲自大是自卑感的另一種表現？

哲學家　對。真正有自信的人，是不會自大自誇的。因為有強烈的自卑感，才會變得驕傲，刻意誇耀自己是優秀的。如果不這麼做，他怕身邊沒有人會認同「這樣的自己」。這完全就是優越情結。

年輕人　……這麼說的話，自卑情結和優越情結表面看起來完全相反，實際上卻是互有關連的囉？

哲學家　它們很明顯是有關係的。最後再說一個關於驕傲的複雜例子，是把自卑感尖銳化後，轉成一種特殊的優越感類型。具體來說，就是**炫耀不幸**。

年輕人　炫耀不幸？

哲學家　就是以驕傲自誇的口氣，說著自己的出身或成長階段中所遭遇的不幸。當別人試著安慰他，或勸他尋求一些改變的時候，就會用「你根本無法了解我的心情」來回絕別人的好意。

年輕人　嗯，的確是有這樣的人……

哲學家　這樣的人，就是想**藉由自己的不幸，好變得「特別」；憑著不幸，想要高人一等**。

舉例來說，我很矮。假設有某個體貼善良的人針對這一點勸我「別在意」或「人的價值不能用這些來判斷」，結果我卻斷然拒絕：「你怎麼可能知道矮個子的煩惱！」相信不管是誰，都會無言以對吧。於是，身邊所有的人都會像觸碰膿瘡一樣，非常小心，不，應該是很謹慎地對待我吧。

年輕人　嗯，的確是。

哲學家　藉由這種方式，我就能比別人占上風，變得很「特別」。所以像生病、受傷或因為失戀而傷心的時候，很多人都會用這種態度成為「特別的存在」。

年輕人　暴露出自己的自卑感，當成武器來使用嗎？

哲學家　嗯。**把自己的不幸當成武器，想要支配對方**。藉著訴說自己有多不幸、多痛苦，讓周圍的人——好比說家人或朋友擔心，甚至想限制或支配對方的言行。就像我們一開始提過、那種把自己悶在家裡的人，老是沉浸在以不幸為武器的優越感之中。連阿德勒都指出：「在我們的文化裡，軟弱是一種非常強大的力量。」

年輕人　軟弱是強大的力量？

哲學家　阿德勒說：「在我們的文化裡，如果要問誰是最強的，嬰兒應該是最合理的答案吧。嬰兒支配他人，卻不受支配。」嬰兒就是用軟弱支配大人，卻因為軟弱而不受任何人支配。

年輕人　……我倒是沒想過這種觀點。

哲學家　當然，一個受傷的人表示「你根本無法了解我的心情」，這句話裡的確包含了一定的事實。要完全明白和體會當事人的痛苦，是誰都做不到的事情。可是，**只要把不幸當成讓自己「特別」的武器，那麼就永遠需要這種不幸的狀態**。

由自卑感開始的一連串討論。自卑情結再加上優越情結。這些的確都是心理學上的關鍵詞，但事情真相卻與年輕人在心中所描繪的狀況完全不同，總覺得好像還有哪個部分讓自己耿耿於懷的。到底是哪裡無法接受？對了，是一開始的引言，在前提的部分有問題。年輕人冷靜地開了口。

人生並不是與他人的競賽

年輕人　不過，我怎樣都無法明白。

哲學家　不管是什麼問題，都請你提出吧。

年輕人　關於「追求卓越」，也就是想要更好的部分，阿德勒的確承認那是一種普遍的欲望和需求吧？可是另一方面，他卻對過多的自卑感或優越感提出了警告。如果一開始就乾脆否定「追求卓越」，我還比較容易理解和認同。這樣我們到底要怎麼辦才好？

哲學家　請你想想。一提到「追求卓越」，我們很容易誤以為它是「想比他人優秀」的欲望，或是為了飛黃騰達而不惜犧牲別人的行為，會有一種排擠他人、一步步往上爬的印象。當然，阿德勒所贊成的不是這種態度，他所說的是在**同樣平坦的地面上，有人在前方一步步邁進，後面也有人跨步向前**。請你想像一下那樣的情景。雖然大家前進的距離或速度各不相同，卻都走在平坦的地面上。因此，所謂「追求卓越」指的是讓自己的腳向前跨出一步，而不是非超越他人不可的那種競賽。

年輕人　您是說，人生不是競賽嗎？

哲學家　是呀。**不和任何人競爭，只要向前跨步就行**，更不需要拿別人和自己做比較。

年輕人　唉呀，這不可能吧。無論如何，我們都會去和別人比較，所謂的自卑感不正是這樣才產生的嗎？

哲學家　**健全的自卑感並不是和別人比較而產生的，是跟「理想中的自己」比較後的結果**。

年輕人　可是……

哲學家　你明白嗎，我們每個人都是不一樣的。無論性別、年齡、知識、經驗、外表，可以說根本沒有人是一模一樣的。就勇敢承認跟其他人之間有差異吧。不過，**我們大家雖然不同，卻是平等的**。

年輕人　雖然不同，卻是平等的？

哲學家　對。每個人都是不同的。但是這個「不同」不能將善惡或優劣的問題牽扯進來。因為不論有什麼不同，我們之間的關係都是平等的。

年輕人　人跟人之間沒有高低的區別。是啦，理想來說是這樣沒錯啦。可是老師，我們在這裡難道不應該說些更實際的狀況嗎？例如身為大人的我，和那種連加減乘除都還不太會的小鬼，真的是平等的嗎？

哲學家　以知識或經驗的分量，還有可以擔負的責任來說，還是有些不同吧。他們可能連鞋帶都綁不太好，也解不出複雜的方程式，就算惹出什麼麻煩，大概也沒辦法像大人那樣負起應有的責任。可是人類的價值不應該由這些事情決定。我的答案還是一樣，所有人類雖然不同，卻是平等的。

年輕人　那麼，老師的意思是要我把小孩當成大人看待嗎？

哲學家　不，不是當成大人看待，也不是當成小孩看待，而是「當成一個人來看待」；當他是和我們一樣身而為人的個體，真誠地對待。

年輕人　那我換個問題。雖然說所有人都是平等的，都是走在同樣的地平面，可是還是有差異吧？走在前面的比較優秀，在後面追趕的就差了一點，結果還不是又回到優勝劣敗的問題？

哲學家 不是的。這跟走在前面或後面沒有關係。簡單來說，我們正在走的是一個沒有縱軸的平面空間。我們這樣走，並不是為了要和誰競爭，**比現在的自己更往前一步，才是它的價值所在**。

年輕人 老師您已經從所有的競爭型態中脫身了嗎？

哲學家 當然。我並不追求名譽和地位，只是以一名退隱哲學家的身分過著與世無爭的日子罷了。

年輕人 當您從競爭中退出的時候，是否也表示承認自己的失敗？

哲學家 錯了。我是由一個爭奪勝負的地方引退。當你決定要做自己的時候，競爭一定會給你帶來阻礙。

年輕人 唉呀，您這不過是一個對人生感到筋疲力盡的老人的論點啦！像我這樣的年輕人，必須藉著競爭的緊張感來自我提升。因為有競爭對手，才能讓自己更新到最佳狀態。把人與人之間的關係當成一種競爭，有什麼不好？

哲學家 如果這個對手和你之間算是「夥伴」關係，或許還能跟自我磨練沾上邊。可是在大多數情況下，競爭對手彼此是當不成夥伴的吧。

年輕人 這是什麼意思？

「會在意你長相的只有你自己」

哲學家　讓我們整理一下目前討論的內容。一開始，你對阿德勒提出「所有煩惱都是人際關係的煩惱」這個定義表示不滿，對吧？所以開始了一連串圍繞著自卑感的討論。

年輕人　是啊是啊。因為自卑感的話題太過震撼，讓我差點都忘了。說到這個，我們到底為什麼會提到自卑感？

哲學家　因為它和競爭也有關連。請記住，**人際的關係軸上一旦有「競爭」，就無法從人際關係的煩惱中脫身，無法逃離不幸**。

年輕人　為什麼？

哲學家　因為競爭的最後會有贏家與輸家。

年輕人　有贏家和輸家，不是很好嗎？

哲學家　請你以自己為例子，具體想像一下吧。假設你對身邊的人懷抱著競爭意識好了。然而哪裡有競爭，哪裡就有優勝劣敗，你們之間的關係也就不得不考慮輸贏的問題。就像A考上了知名大學、B進入大企業工作、C與一位美如天仙的女生交往中，和他們相比之下，自己卻是這種狀況等等。

年輕人 呵呵，還真的很具體呢。

哲學家 一旦意識到競爭或勝負，必定會產生自卑感。因為總是拿自己和別人比較，只想著：贏了那個、輸了這個之類的，自卑情結或優越情結都在這條延長線上。那麼，對現在的你來說，其他人會變成什麼樣的角色？

年輕人 嗯，是競爭對手嗎？

哲學家 不，不僅僅是競爭對手。在不知不覺中，**其他所有的一切，甚至是全世界，都會被你視為「敵人」**。

年輕人 敵人？

哲學家 也就是說，你會覺得人們老是瞧不起你似地嘲笑著，打算一有機會就攻擊、陷害你，是不能掉以輕心的敵人，而且全世界都是可怕的。

年輕人 和不能掉以輕心的敵人……競爭嗎？

哲學家 競爭的可怕就在這裡。就算你不是輸家，就算你一直獲得勝利，但只要你置身於競爭之中，內心就無法得到片刻安寧。因為不想成為輸家，而且為了不成為輸家，必須不斷贏下去，也沒辦法相信別人。社會上有許多人雖然獲得成功，但同時卻無法感受到實質的幸福，就是因為他們活在競爭之中。對他們而言，世界是一個危機四伏、草木皆兵的地方。

年輕人 話是這麼說沒錯啦……

哲學家 不過實際上，其他人是不是真的像你所想的那樣盯著「你」呢？他們真的二十四小時一直監視著、虎視眈眈地想乘機攻擊嗎？恐怕不是吧。我有一位朋友，聽說他在少年時期，會花很長時間在鏡子前面整理頭髮。結果他的祖母對他說：「**會在意你長相的只有你自己啦**。」從那之後，他說自己活得比較輕鬆自在一點了。

年輕人 呵呵，老師您真的很討厭耶。剛剛根本是在影射我吧？也許我真的把身邊的人當成敵人沒錯，也不知道什麼時候會不會從哪裡射來一枝冷箭，讓我害怕得不得了；而且總覺得被監視、遭受嚴苛的批評，甚至被攻擊。

還有，就像那個照鏡子的少年一樣，我的確也有這種自我意識過剩的反應。其實別人根本就沒在看我，就算我倒立在路上走，也不會有人在意！

可是老師您覺得呢？您還是認為我的自卑感是自己「選擇」的、是有什麼樣的「目的」嗎？說真的，我實在沒有辦法接受這樣的說法。

哲學家 為什麼？

年輕人 我有一個大我三歲的哥哥。他總是很聽爸媽的話，不管是讀書還是運動，表現都很棒，完全就是個認真優秀的模範生。我從小就在不斷被拿來和哥哥比較的環境中長大。當然，跟大我三歲的哥哥相比，無論做什麼我都贏不了他。對於這一點，我的爸媽根本不在意，而且也不把我放在眼裡，一直把我當成小孩子看待，不管什麼事都一概否定、叫我閉嘴不要有意見。我簡直就是活在自卑感的爛泥巴裡，沒有選擇，更無法不在意和哥哥的競爭！

哲學家 原來如此。

年輕人 我曾想，自己就像是一條沒辦法正面曬到太陽的絲瓜，會因為自卑感而扭曲變形一點都不奇怪。如果有人在同樣的環境下還能長得正直挺拔的話，還真希望有誰可以把他帶來給我瞧瞧！

哲學家 你的心情我非常明白。那麼我們就把你和哥哥的關係也考慮在內，來想想「競爭」這回事吧。如果你不把和哥哥或其他人的人際關係放在「競爭」這個軸上思考的話，你認為這些人會變成什麼樣的角色？

年輕人 喔，哥哥是哥哥，別人是別人吧。

哲學家　不，應該會變成關係更接近的「夥伴」。

年輕人　夥伴？

哲學家　你之前說過吧？你無法發自內心祝福那些看似幸福的人。這就是因為你把人際關係當成是競爭，認定別人的幸福就像是「自己的挫敗」，才無法給予祝福。

不過，一旦脫離了競爭的模式，就沒有勝過別人的必要，也就可以從「可能會輸」的不安中解脫，打從心底祝福他人，甚至為他人的幸福提供更積極的貢獻。當對方陷入困境的時候，總是讓你想伸出援手的那個人，對你而言，就是「夥伴」。

年輕人　嗯。

哲學家　**只要可以感受到「人人都是我的夥伴」，對世界的看法都會有所不同**。你不會把這個世界當成危險的地方、不會受無謂的猜疑心干擾，全世界也都會是安全又舒適的，人際關係上的煩惱應該也會減少很多吧。

年輕人　……真是幸福的人呀！不過呢，那種人是向日葵！向日葵啦！有充足的陽光和水提供養分，這樣的說法完全是屬於向日葵的。在陰暗角落裡長大的絲瓜，是辦不到的！

哲學家 這樣的話，你就還是回到了決定論囉。

年輕人 沒錯，我就是這樣！

年輕人在嚴厲的雙親教養下成長，從小就一直被拿來和哥哥做比較、受到欺侮。不管提出什麼意見都沒人理會，甚至要承受「沒用的弟弟」這種言語暴力；在學校裡也交不到朋友，下課時間總是躲在圖書館，認為只有圖書館才是屬於自己的地方。度過了那樣的少年時期，如今的年輕人完全是個不折不扣的決定論者。認為如果不是因為那樣的父母、不曾有那樣的哥哥、不是在那個學校受教育的話，自己一定會有個更光明的人生。目前為止在討論中努力保持冷靜的年輕人，到了這個時候，累積多年的想法終於爆發出來。

由權力鬥爭到復仇

年輕人　老師，您知道嗎？目的論根本就是詭辯，創傷是確實存在的！而且人也沒有辦法擺脫過去、得到自由！您不也承認了嗎？我們不可能搭時光機回到過去。

只要過去還是過去，我們就注定要活在過去的延長線上。如果讓過去消失的話，就等於否定自己過去的那一段人生！老師這麼說，是要我選擇那種不負責任的生活方式嗎？

哲學家　沒錯。我們無法搭時光機回到過去，時鐘的指針也不會倒轉。可是要賦予過去所發生的種種什麼樣的意義，這是「現在的你」要面對的課題。

年輕人　那我要請問關於「現在」的事。上次您說「人會捏造憤怒的情緒」是吧？還說這就是目的論的觀點。但是我到現在為止，還是沒辦法接受那樣的看法。

好比說，有些針對社會或政治的憤怒該怎麼解釋？難道這些也都可以說是為了貫徹個人的主張而捏造出來的情緒嗎？

哲學家　確實，我們的確會對社會問題產生一些憤怒，可是那些並不是突發的情緒，而是基於道理所產生的憤怒。私人的憤怒（私憤）和針對社會上的矛盾、不公所產生的憤怒（公憤）是不同的。私人的憤怒很快就會冷卻了，但是公憤卻會長久持續。發洩私憤的這種憤怒情緒，不過是為了使他人屈服的工具罷了。

年輕人　您說這兩種憤怒不一樣？

哲學家　完全不同。因為公憤超越了個人的利害關係。

年輕人　那我就來問問有關私憤的問題。就算是老師這樣的人，如果無緣無故被人痛罵一頓，應該也會生氣吧？

哲學家　我不會生氣。

年輕人　不可以說謊！

哲學家　如果被痛罵一頓，我會仔細思考那個人心裡暗藏的真正「目的」是什麼。不只是當面謾罵而已，只要對方有任何舉動會引起你的憤怒，都可以認定對方是在挑起一種「權力鬥爭」。

年輕人　權力鬥爭？

哲學家　像是小孩會藉著調皮搗蛋的行為戲弄大人。通常是為了吸引別人的注意力，所以會在大人真正發火之前就收手。不過要是對方已經發了脾氣，卻還不住手的話，那麼真正的目的應該就是為了「戰鬥」吧。

年輕人　為什麼要戰鬥？

哲學家　想贏得勝利，**想藉著勝利來證明自己的能力**。

年輕人　我不太懂。可不可以舉一些實際的例子？

哲學家　譬如說，你和朋友一起討論目前的政治情勢。過程中，彼此的言論都越來越激烈，雙方各持己見、互不相讓，接著對方開始進行人身攻擊，說出「你真的很蠢，我們國家就是因為有你這種人，才會沒辦法進步」之類的話。

年輕人　如果有人這樣說我，我絕對無法忍受。

哲學家　在這種狀況下，對方的目的是什麼呢？純粹只是為了討論政治嗎？不是的。對方只是為了刁難你、挑釁你，想藉著權力鬥爭讓不服氣的你屈服而已。你如果真的動怒了，就正如對方所願，進入了權力鬥爭的關係中。所以，不管是什麼樣的挑釁，都不可以被煽動。

年輕人　不不不，沒有必要閃躲啊，他要找碴的話，我就奉陪到底，反正是他先找我麻煩的。對付那種亂來的傢伙，只要狠狠地打斷他的鼻梁就好了，不然臭罵他一頓也可以，給他一點顏色瞧瞧！

哲學家　那麼，假設你在爭論中壓制了對方，對方也爽快地認輸了。可是權力鬥爭不會在這裡就結束，在鬥爭中落敗的一方會進入下一個階段。

年輕人　下一個階段？

哲學家　是的，也就是「復仇」的階段。就算暫時認輸，對方還是會計畫在其他場合、以不同方式進行報復。

年輕人　譬如說？

哲學家　像是遭受親人虐待的孩子誤入歧途、逃學逃課，甚至出現割腕之類的自殘行為。如果是佛洛伊德的決定論，應該會把這種事解釋為「因為父母這樣教，所以孩子就這樣做」，並且用單純的因果律來思考吧。就像因為沒澆水，所以植物枯死了那樣，的確是很簡單明瞭的解釋。

可是阿德勒的目的論就不會放過隱藏在孩子心中，也就是「對父母報復」這個主要的目的。只要自己行為不良、逃學逃課或是割腕的話，父母就會頭痛。不只是手忙腳亂，甚至會煩躁到胃都快穿孔。孩子們都是在有所認知的情形下，選擇了脫序行為的。這不是受過去的原因（家庭環境）所牽動，而是為了達到目的

（對父母報復）。

年輕人　為了讓父母困擾，選擇脫序行為？

哲學家　是的。例如看到割腕自殘的孩子，有很多人都會覺得不可思議吧？不知道他們為什麼要那樣做。

可是請想一想，割腕這種行為會讓身邊的人（例如父母）有什麼感覺？如此一來，就會很自然地發現隱藏在行為背後真正的「目的」了。

年輕人　……目的，是報復吧。

哲學家　嗯。而且人際關係一旦進入到復仇階段後，當事人雙方想解決這個問題，幾乎已經是不可能了。為了不變成那樣，**當對方挑起權力鬥爭時，絕對不要隨之起舞。**

認錯不等於「承認失敗」

年輕人　可是萬一我們直接遭受人格上的攻擊，那該怎麼辦呢？只能不斷忍耐嗎？

哲學家　不，「忍耐」這個想法證明你其實已經被捲入了權力鬥爭。當對方開始挑釁，而你也察覺到那是權力鬥爭的時候，就要盡快從中脫身，不要回應別人的行動。我們能做的就只有這樣。

年輕人　您說不要理會對方的挑釁？哪有那麼容易做到啊？您倒是說說看，到底該怎麼控制憤怒？

哲學家　所謂的控制憤怒，指的就是「忍耐」吧？不是這樣的，可以學學不利用憤怒就能解決問題的方法。因為憤怒不過是一種為了達到目的而採取的手段，只是個工具而已。

年輕人　嗯，很難。

哲學家　首先，你要明白，憤怒不過是一種溝通的方式，而事實上，不利用憤怒來溝通是有可能的。我們不必發洩怒氣，也可以進行意見交流，甚至讓對方接受我們。如果能從經驗中漸漸了解這一點，憤怒的情緒自然而然地也就不會再出現。

年輕人　可是老師，如果對方很明顯是因為誤解而故意找碴，甚至用侮辱人的言詞攻擊，難道連這樣也不能生氣嗎？

哲學家　你似乎還是不太懂。不是不能生氣，而是「**不必依賴憤怒這種工具**」。

容易生氣的人並不是因為性子急，而是他不知道除了憤怒之外，還有其他有用的溝通工具。也因為這樣，才會動不動就冒出「真讓人火大」這種話，完全靠憤怒來跟別人溝通。

年輕人　憤怒之外的有用溝通……

哲學家　我們有語言，可以用語言進行溝通。相信語言的力量和有條理的語言。

年輕人　……說得也是。如果不相信的話，我們這些對話也無法成立了。

哲學家　關於權力鬥爭，還有一點。就算在自認為站得住腳的情況下，也不要刁難對方。這是大多數人在人際關係中容易掉入的陷阱。

年輕人　為什麼？

哲學家　**人啊，一旦在人際關係中確信「我是對的」，那瞬間就已經一腳踏入了權力鬥爭。**

年輕人　光憑認為自己是對的？天啊，這太誇張了吧！

哲學家　我是對的，就代表對方是錯的。當你這樣想的同時，討論的焦點就已經從「意見的正確性」轉變成「對待別人的方式」。總之，確信「自己是對的」會和「這個人錯了」的想法連結起來，進而變成「所以我必須贏過他才行」這種勝負爭奪戰。完全就是權力鬥爭。

年輕人　喔……原來。

哲學家　事實上，意見的正確性和勝負是完全沒有關係的。**如果你認為自己是對的，那麼不管其他人的意見是什麼，都應該在這裡畫下句點**。但大多數的人會進入權力鬥爭中，想讓對方屈服，才會把「承認自己的錯誤」當成是「承認自己的失敗」。

年輕人　沒錯，的確有這種狀況。

哲學家　因為一心只想著不要失敗而無法承認錯誤，反而害自己選錯路。事實上，**承認錯誤、表達歉意的言詞，還有脫離權力鬥爭，這些都不是「挫敗」**。所謂追求卓越，並不是透過跟其他人的競爭來實現的。

年輕人　您的意思是，執著於勝負的話，就沒辦法做出正確的選擇？

哲學家 嗯。就像模糊的眼鏡讓你只看到眼前的勝負，結果卻走錯路。所以我們要先摘掉這個競爭或勝負的眼鏡，才能修正自己、改變自己。

如何面對「人生任務」

年輕人 嗯。可是我的疑問還是存在，就是那句「所有煩惱都是人際關係的煩惱」。關於自卑感是人際關係中的煩惱，還有自卑感對我們的影響等說法，我的確是懂了。至於人生並不是競賽這件事，我也承認它是說得通的。但我真的沒辦法把別人當成「夥伴」，心裡總覺得對方是「敵人」，這一點應該也沒錯。

我只是很難想像，為什麼阿德勒那麼重視人際關係，甚至斷言「所有的一切」都與它相關。

哲學家 人際關係是很重要的部分，不管怎麼把它擴大思考，都還不足以解釋完全。你還記得嗎？上次我說過：「你所欠缺的是變得幸福的勇氣。」

年輕人 想忘也忘不掉。

哲學家　那麼，你又為什麼無法把其他人當成「夥伴」，只覺得是「敵人」呢？那是因為失去勇氣的你在**逃避「人生的任務」**。

年輕人　人生的任務？

哲學家　是的，這非常重要。在阿德勒心理學中，對於人類的行動與心理層面都提出了很明確的目標。

年輕人　喔？是什麼樣的目標？

哲學家　首先，行動面的目標有「獨立」和「能與社會和諧生活」兩項。而支援這項行動的心理面目標則是「我是有能力的」，以及「人人都是我的夥伴」這樣的認知。

年輕人　請等一等，我做個筆記。

行動面的目標有兩項：

一、獨立

二、能與社會和諧生活

然後，支援這項行動的心理面目標，則包括兩項認知：

一、我是有能力的

二、人人都是我的夥伴

我也知道這個部分很重要啦。身為一個獨立的個體，要在與他人及社會的和諧相處下生活，好像也和我們目前為止討論的話題有關。

哲學家　接著，這些目標將在面對阿德勒所說的「人生任務」時達成。

年輕人　所謂的「人生任務」是？

哲學家　所謂的「人生」這兩個字，請你從小時候開始回想一下。小時候，我們有父母、親人的保護，尤其是不用工作也能活下去。可是不久後，「獨立」的階段就來臨了，不能一直依靠父母。精神上的獨立就不用說了，在社會上也要獨立，必須從事某些工作——這裡所說的「工作」不是只有在公司上班那麼狹隘而已。

而且成長過程中，會有各種不同的交友關係。當然，也有可能和其中某個人談戀愛，進一步走入婚姻。這樣一來，就開始了婚姻關係；有了孩子之後，親子關係也跟著出現。

阿德勒將這些過程中所產生的人際關係分為「**工作的任務**」「**交友的任務**」以及「**愛的任務**」三項，統稱為「人生任務」。

年輕人　這種情況下的「任務」，是指身為社會一分子的義務嗎？像勞動或納稅那樣的？

哲學家　不，請以人際關係為主軸來思考，它指的是人際關係中的距離還有深度。為了強調這一部分，阿德勒曾經以「三種羈絆」來說明。

年輕人　人際關係中的距離和深度？

哲學家　當一個人以社會中的一分子而活著的時候，就不得不直接面對人際關係，這就是人生的任務。在「不得不直接面對」這層意義上，正是一種「任務」。

年輕人　嗯，具體來說呢？

哲學家　首先，我們從「工作的任務」來想想看。無論哪種工作，沒有一種是可以獨自完成的。以我來說，通常會在這間書房裡寫著要出書的稿子。這是沒有別人可以替代、必須自己完成的工作。但就算是這樣，還是要有編輯、裝訂、印刷，以及經銷或書店的眾人協助，才能圓滿完成這項工作。原則上，沒有一種工作是不用跟他人合作的。

年輕人　廣義來說是這樣吧。

哲學家　但是如果以距離和深度來考量的話，工作上的人際關係可以說是難度最低的。因為工作上的人際關係有一個很明確易懂的共同目標，那就是成果。即使過程中有些合不來，還是能互相合作；應該是說非合作不可。當彼此之間的關係只限於「工作」時，只要工作時間結束或換了工作，雙方就會變回不相干的陌生人。

年輕人　的確是。

哲學家　至於會在這個階段的人際關係中受挫的，是那些被稱為尼特族或繭居族的人。

年輕人　咦？請等一等！照老師您的說法，這些人並不是不想工作、不願意勞動，完全只是為了逃避「工作中所牽連的人際關係」，所以才不去工作嗎？

哲學家　先不說本人有沒有自覺，又自覺到什麼程度，**問題的核心還是人際關係**。譬如說：為了求職寄出履歷表、接受面試，結果好多家公司都沒錄取。不只自尊心受損，甚至自己也不明白，為了工作遭受如此對待，到底有什麼意義？又或者：在工作上出了大紕漏，讓公司遭受鉅額損失，眼前一片黑暗；明天開始，連公司都不想去了。前面說的這些人，都不是討厭工作這件事。他們不想面對的，其實是因為工作遭受別人批評、譴責，說你「能力不足」或「不適合這份工作」等等，在身上烙下「無能」的烙印，讓自己寶貴的尊嚴受傷。總而言之，一切都是人際關係的問題。

紅線與頑強的鎖鏈

年輕人　……嗯，我要提出的反駁待會再說！接下來，「交友的任務」是什麼？

哲學家　這是工作之外、更廣義的朋友關係。雖然不像工作那麼有強制性，但無論在跨出第一步，或是關係上的加強都比較困難。

年輕人　啊～沒錯，真的是這樣！像學校或公司這種有固定「場所」的情況，還可以建立關係；雖然這些關係通常很表面化，而且只限於那個場合。如果要從那層關係開始踏出個人交友的第一步，或是在學校和工作場合以外的地方交朋友，就非常不容易。

哲學家 你有稱得上死黨的好朋友嗎？

年輕人 朋友是有，至於能不能算是死黨嘛……

哲學家 我也曾經如此。高中時代的我是不交朋友的，每天只顧著學希臘語或德語，不然就是埋頭讀我的哲學書。當時我母親覺得有點不安，還去找我的導師商量這件事。據說老師的回答是：「不必擔心，他是一個不需要朋友的人。」因為這句話，母親和我都鬆了一口氣。

年輕人 不需要朋友的人……所以老師您在高中時代連一個朋友都沒有嗎？

哲學家 不，我有一個唯一的朋友。他說：「沒有什麼東西是必須在大學裡學的。」結果他沒有繼續念大學，住在山裡好多年後，據說目前在東南亞從事新聞工作。雖然已經好幾十年不見，我卻有一種即使再見面，還是可以和當年一樣契合的感覺。

雖然有很多人認為朋友越多越好，但真的是這樣嗎？朋友人數的多寡是完全沒有意義的。這一點和愛的任務也有關連，真正應該要考量的是彼此關係的距離及深度。

年輕人　即使是我，從現在開始也有可能交到真正的好朋友嗎？

哲學家　那當然。只要你改變了，周圍也會跟著變，而且是不得不變。**阿德勒心理學並不是一個改變別人的學說，而是為了讓自己改變的心理學**。不是等待他人的改變，也不是等待狀況改變，而是由你主動踏出第一步。

年輕人　嗯……

哲學家　事實上，你不是來到了我的書房？而我，也接納了你這位年輕的朋友。

年輕人　老師您說把我當朋友？

哲學家　是呀，我們是朋友啊。我們在這裡進行的討論，既不是心理諮商，也不是工作上的關係。對我來說，你就是無可替代的朋友。你不這麼認為嗎？

年輕人　您說，無可替代的……朋友？喔，不、不，我還沒想過這一點呢！我們繼續吧！最後的「愛的任務」是什麼？

哲學家　這部分，請你分成兩個階段來思考。一個是所謂的戀愛關係，另一個是家族關係，尤其是親子關係。工作、交友以及延續下來的三個任務之中，愛的任務應該是最困難的吧。

例如由朋友關係發展成為戀愛關係後，有些朋友之間所容許的言行舉止，從變成戀人的那一刻起就不一樣了。具體來說，像是不能和異性朋友出去玩，或是有時候光是和異性朋友講電話，另一半就會嫉妒之類的。彼此之間的距離拉近了，關係也更深了。

年輕人　是呀，這是沒辦法的事啊。

哲學家　可是阿德勒並不認同束縛對方的行為。當對方看起來是幸福的，就單純給予祝福，那就是愛。在彼此束縛之下而結合的關係，是撐不了多久的。

年輕人　唉呀，這樣的說法會變成鼓勵劈腿啦！照您這樣說，因為看起來很幸福，所以就連對方出軌的時候，我們也要衷心祝福他嗎？

哲學家　這並不是積極鼓勵出軌的行為。請你想想看，兩個人在一起，卻感覺好像有什麼地方讓你喘不過氣，或是被迫繃緊神經，那樣的關係頂多可以說是戀情，卻不能稱為愛。**人只有在感覺「只要和這個人在一起，就可以自由盡情地展現自我」的時候，才能真正感受到愛**。沒有自卑感，也不必誇耀自己的優越性，可以處於平穩、極為自然的狀態。真正的愛，就是這麼一回事。

所謂的束縛，就是內心想要支配對方的一種表現，也是基於不信任所產生的想法。和一個不信任你的人在一起，是無法感覺自然自在的吧？阿德勒說：「如果想要和睦生活在一起，彼此就必須處於人格對等的狀態。」

年輕人 喔～

哲學家 只不過，戀愛關係或婚姻關係中有「分手」這個選項。即使是相伴多年的夫妻，當關係的延續變得困難的時候，也可以選擇分手。但親子關係在原則上是辦不到的。如果說戀愛是以紅線結合的關係，那麼親子之間就像是扣上了頑強的鎖鏈。即使想切斷，你手上有的也不過是一把小剪刀。親子關係的難處就在這裡。

年輕人 那應該怎麼辦呢？

哲學家 以目前的階段來說，不可以逃避。無論彼此之間的關係有多麼困難，都不能迴避正面相對，或是拖延問題。即使最後的選擇還是以剪刀來切割，都還是得先面對面。**最糟的是「保持現狀」，停留在目前的狀態下。**

理論上，人是無法獨立生存的，只有置身於社會的脈絡中，才能稱之為「個人」。也因此，阿德勒心理學將個人的「獨立」及置身於社會的「協調」視為重大目標。至於如何才能達到這些目標呢？阿德勒說，請面對「工作」「交友」與「愛」這三項人生中不得不直接面對的人際關係任務吧。但年輕人還無法完全了解它的真意。

不要漠視「人生的謊言」

年輕人 啊，我的腦袋又開始打結了。老師您剛剛是這麼說的吧？我把別人當成「敵人」看待，而無法視為「夥伴」，是因為要逃避人生的任務。這到底是什麼意思？

哲學家 舉例來說，你很討厭A這個人好了。為什麼呢？因為A有令人難以接受的缺點。

年輕人 呵呵，要說到討厭的人，我口袋裡可是有數不清的候補名單喔。

哲學家　可是事實上，你並不是因為無法容忍A的缺點而討厭他。你是先有了「討厭A這個人」的目的，才找出可以滿足這個目的的缺點。

年輕人　太扯了！我為什麼要這樣?!

哲學家　為了逃避和A之間的人際關係。

年輕人　不不不，怎麼說都不合理！這件事怎麼想，順序都是不對的吧。因為對方做出令人討厭的事，我才會討厭他，否則我沒有理由討厭他啊！

哲學家　不，不是這樣的。你換個方式想想，假設要和曾經是情侶的對方分手，那種情況下的心情轉折，應該就比較容易理解吧？

情侶或夫妻關係之中，有某一個時期，對方所做的每一件事都會讓你一肚子火。像是吃飯的方式讓你看不順眼；在房裡那種散漫、衣冠不整的模樣讓你覺得厭惡；甚至連睡覺的呼吸聲都會讓你覺得很討厭。幾個月前明明一點感覺都沒有，現在竟然變成這樣之類的。

年輕人　……嗯，好像有點懂了。

哲學家　這是因為當事者在某個階段「想要終止這段關係」，為了尋找可以結束關係的理由，於是有了那樣的感受。對方其實一點也沒變，只是自己的「目的」改變了。

你明白嗎？只要有那個心，人要找出對方的缺點或瑕疵都是輕而易舉的，要多少就有多少。人可以說是非常任性自私的生物，就算對方像個正人君子，都可以輕易找出討厭他的理由。也正因為如此，世界隨時都可以變得險象環生，其他人都可能馬上變成「敵人」。

年輕人　這麼說的話，我是為了逃避人生任務，更進一步來說是人際關係？單單只是為了這些去編造出他人的缺點，還藉著把對方當成「敵人」來逃避責任嗎？

哲學家　沒錯。阿德勒指出，**像這樣找出各種藉口來逃避人生任務的情形，稱為「人生的謊言」**。

年輕人　……

哲學家　這個說法很犀利吧？將自己目前所置身的狀況還有責任轉嫁到他人身上，藉著怪罪他人、埋怨環境來逃避人生的任務。之前提過的那個患了臉紅恐懼症的女生也是，大家都一樣。對自己說謊，也對身邊的人說謊。認真想想，算是相當不留情面的指控。

年輕人　您憑什麼斷定那是謊言?!我身邊有些什麼樣的人、曾經有過什麼樣的經歷，老師您根本就不知道吧！

哲學家　是，我對你的過去一無所知。甚至連你的父母、家人的事都不了解，但是我只知道一件事。

年輕人　什麼事？

哲學家　那就是，決定你生活型態（人生態度）的，不是別人，而是你自己。

年輕人　我……!!

哲學家　如果你的生活型態是取決於別人或環境的話，還有可能把責任轉嫁給別人。可是我們的生活型態是自己選的，責任歸屬就很明確了。

年輕人　您這是打算責備我嗎？說我是個騙子、是個懦夫！所有的責任都在我！

哲學家　不要用憤怒來轉移你的目光。這是一個非常重要的關鍵。阿德勒對於人生的任務或人生的謊言都不論及善惡。現在我們應該討論的，**不是善惡，也不是道德問題，而是「勇氣」的問題**。

年輕人　又要提到「勇氣」？

哲學家　是的。你就算逃避了人生的任務，依附著人生的謊言，也不是因為你沾染了「惡」。這並不是非要用道德觀來衡量的問題，它只不過是勇氣的問題罷了。

從擁有的心理學到使用的心理學

年輕人　……說到底還是「勇氣」的問題嗎？這麼說起來，上次老師曾經提過，阿德勒心理學是「勇氣的心理學」。

哲學家　說得更明白一點，**阿德勒心理學並不是「擁有的心理學」，而是「使用的心理學」**。

年輕人　也就是您曾經說過的：「關鍵不在於你經歷了什麼，而是你如何運用它。」

哲學家　對，你記得很清楚嘛。佛洛伊德式的因果論是「擁有的心理學」，最後注定要走入決定論。另一方面，阿德勒心理學是「使用的心理學」，決定權在於你自己。

年輕人　阿德勒心理學是「勇氣的心理學」，同時也是「使用的心理學」……

哲學家　我們人類還不至於脆弱到任由決定論中的創傷論來操控自己。以目的論的角度來說，自己的人生、自己的生活型態，是我們自己選的。我們擁有那樣的力量。

年輕人　……可是老實說，我並沒有克服自卑情結的自信。就算那是人生的謊言好了，我還是很難放下吧。

哲學家　為什麼會這樣想？

年輕人　或許老師您說的沒錯，我欠缺的一定是勇氣吧。關於人生的謊言我也認了。我害怕和別人有牽連、不想在人際關係中受傷害、想拖延人生的任務，所以才會編造各種藉口。沒錯，就是這樣。

可是老師您在結論所提出的說法，簡直就是精神論啊！不過就是對人喊著：「你的勇氣受挫了，拿出勇氣來！」這種做法和那些拍著別人肩膀，說「振作一點！」就以為幫對方打氣似的三流指導者一樣。不是嗎？我就是因為無法振作，才會那麼苦惱呀！

哲學家　總而言之，你希望我提出一些具體方案是嗎？

年輕人　對呀，我是人，不是機器。並不是聽您說我勇氣不足之後，就可以像加油一樣，給自己加滿勇氣啊！

哲學家　我明白了。不過今天已經很晚了，接下來的我們留到下次再說吧！

年輕人　您該不是在逃避我的問題吧？

哲學家　當然不是。我們下次或許應該來談談有關自由的話題。

年輕人　不是勇氣？

哲學家　嗯，談論勇氣之前，要先說說不可或缺的自由概念。請你也先回去想想，所謂的自由到底是什麼吧。

年輕人　自由是什麼……嗯，好吧。那就期待下次的會面了。

第三夜　割捨別人的課題

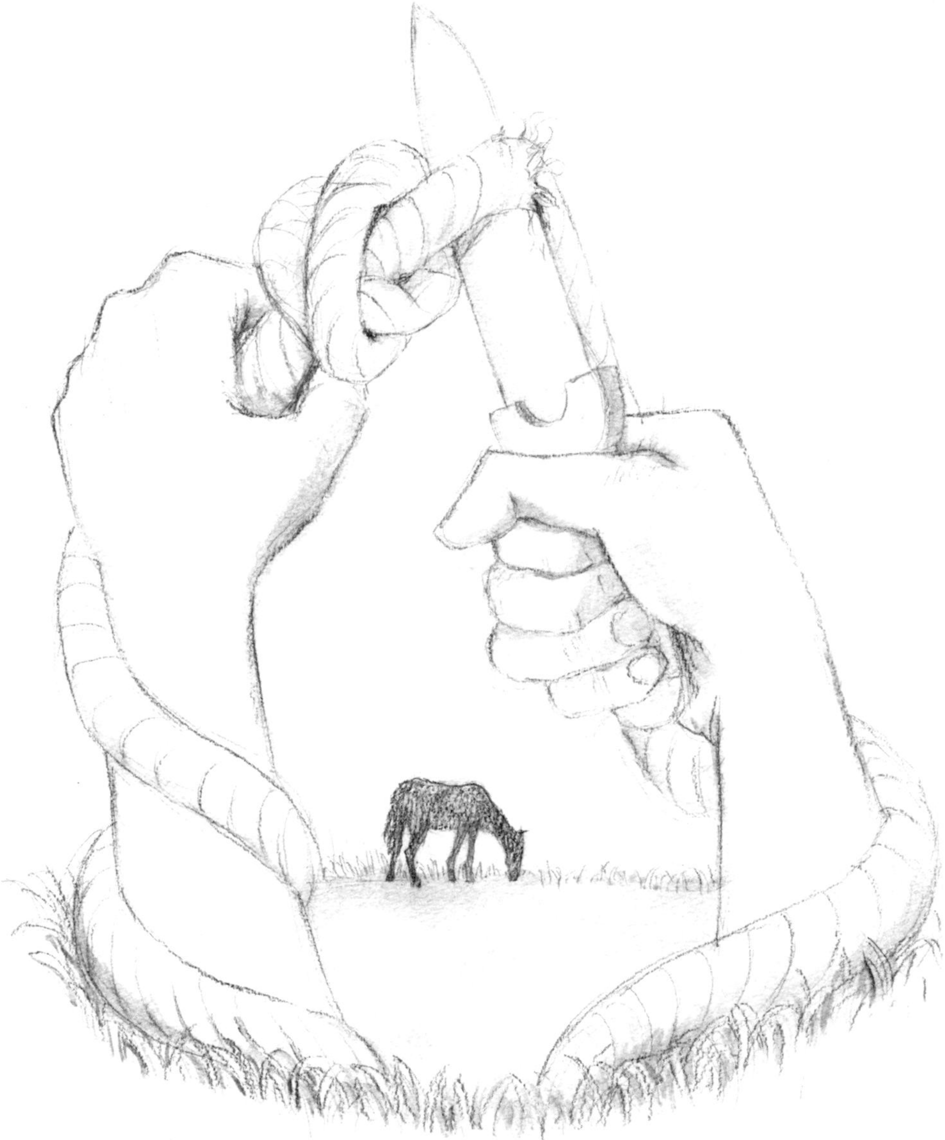

苦惱了兩個星期後，年輕人再度來到哲學家的書房。所謂的自由是什麼？別人、還有我，為什麼沒辦法變得自由？束縛我的那個東西，它的真面目又是什麼？丟給年輕人的這份功課，未免也太沉重了一點；要想找出滿意的解答，根本是不可能的任務。年輕人越是認真思考，就越注意到自己的不自由。

否定「認同的需求」

年輕人　今天我們要討論的是關於自由的話題吧？

哲學家　嗯，所謂的自由是什麼？你仔細想過了嗎？

年輕人　我根本是絞盡腦汁、想破了頭。

哲學家　得到結論了嗎？

年輕人　唉，想不到答案。可是呢，雖然不是我自己想的，不過我在圖書館裡找到了這麼一段話：「貨幣是被鑄造出來的自由。」這是出現在杜斯妥也夫斯基所寫的一本小說裡。您覺得如何？這句「被鑄造出來的自由」是不是讓人覺得一針見血？說真的，這段話一語道破貨幣這種東西的本質，真是精采，讓人佩服。

哲學家 原來如此。的確，歸根究底，由貨幣所帶來種種事物的真面目，或許就是自由也說不定。真的堪稱名言。只不過，應該無法從這裡推論「所謂的自由就是貨幣」吧？

年輕人 是呀，沒錯。有些自由是可以用金錢換取的，而且那些自由說不定比我們所想像的更加無拘無束。現實生活中，所有的食衣住行都是用金錢交易得到的；可是有了鉅額財富，人就能得到完全的自由嗎？我認為應該不能，而且也希望並非如此。人類的價值、人類的幸福是沒有辦法用金錢買到的。

哲學家 那麼假設你已經得到金錢方面的自由。只是就算你擁有鉅額財富，依然得不到幸福。這時候，留在你身上的，會是什麼樣的煩惱、什麼樣的不自由呢？

年輕人 那就是老師您再三提到的人際關係囉。這部分我也仔細想過了。譬如說，雖然有了大筆的財富，卻沒有心愛的人、沒有可以稱為死黨的好朋友，大家都對你敬而遠之，這就是大不幸。

另外還有一個一直在我腦海裡打轉的，是「羈絆」這個詞。我們每個人都在人際關係的羈絆中糾纏不清、痛苦掙扎。像是：必須和一些自己不喜歡的人來往，或是必須小心翼翼地對待討厭的上司。您想想看，如果可以不用管這些瑣碎的人際關係，是多麼輕鬆愉快啊！

但這種事誰也沒辦法。我們無論到哪裡，都處在他人的包圍下，過著和人互動的生活，成為社會中的「個人」，逃不出人際關係的天羅地網。原來阿德勒所說的「所有煩惱都是人際關係的煩惱」，的確是真知灼見。

哲學家　這個部分很重要。你可以再深入思考看看，到底是人際關係中的什麼東西剝奪了我們的自由。

年輕人　就是這裡！老師上次提到，要把別人當成「敵人」還是「夥伴」這個部分。您說，如果可以把別人當成「夥伴」的話，對世界的看法也會有所轉變。這的確是可以接受的觀點，上一次我也確實有了充分理解才離開。可是我回去後，經過反覆思考，總覺得人際關係中有些要素，是無法光憑這樣的解釋來涵蓋一切的。

哲學家　喔，譬如說？

年輕人　最簡單的例子應該就是我爸媽吧。父母親對我而言，再怎麼說都不會是「敵人」。尤其是小時候，他們是我最重要的保護者，養育我、保護我。關於這一點，我是真心感謝，沒有半點虛假。

不過我爸媽生性嚴謹。上次也跟您提過，他們總是拿我和哥哥做比較，不認同我；對於我的人生也一直意見不斷，像是「再用功一點」「不要跟那種朋友來往」「至少也應該考上這所大學」「去做這種工作嘛」……等等。他們的種種要求給我很大的壓力，完全就是一種「羈絆」。

哲學家　結果你怎麼處理？

年輕人　一直到讀大學前，因為實在無法違背父母的要求，所以也曾經覺得很苦惱和厭煩。但是不可否認的，自己的希望和父母的要求偶爾也會有一致的時候。不過幸好現在的工作是我自己選的。

哲學家　這麼說來，我還沒聽你提過你的工作。你是……

年輕人　我目前是大學圖書館的圖書管理員。當然，父母還是希望我像哥哥一樣繼承父親的印刷廠。所以從開始上班之後，彼此之間多少有些摩擦。

如果今天對象不是父母，而是「敵人」的話，我應該就不必這麼苦惱了；因為不管對方如何干涉我，我只要不理他們就可以了。可是對我來說，父母不是「敵人」。姑且不論算不算夥伴，至少不應該稱他們為「敵人」。畢竟關係太親近了，很難完全無視於他們的想法和意見……

哲學家 當初順著父母心意選擇學校的時候，你對他們有什麼感覺？

年輕人 很複雜。雖然也有怨恨，卻也同時有種安心的感覺。心裡想著：如果是這所學校的話，應該就會得到認同了吧。

哲學家 得到認同的意思是？

年輕人 呵，您就別再兜圈子套我的話了。您應該也知道，就是「認同的需求」嘛，人際關係的煩惱可以說幾乎都集中在這部分。我們活在不斷需要別人認同的環境裡。當對方不是令人憎恨的「敵人」時，我們就會想要獲得他的認同和尊重！沒錯，我希望得到父母的認同！

哲學家 我明白了。關於你現在所說的，我先把阿德勒心理學的大前提告訴你。**在阿德勒心理學中，否定向他人尋求認同這件事**。

年輕人 否定認同的需求？

哲學家 根本沒有必要得到他人的認同。其實不如說是「不應該尋求認同」。

關於這一點，我必須事先強調說明。

年輕人　我的天，您在說什麼！認同和尊重，不正是推動我們最普遍的需求嗎?!

不要為了滿足「那個人」的期望而活

哲學家　得到他人的認同的確是一件開心的事。但要說到「認同」這件事是不是絕對必要，那可就不一樣了。到底為什麼需要尋求其他人的認同呢？說得更直接一點，就是為什麼想得到別人的稱讚呢？

年輕人　很簡單啊。得到他人的認同，我們才會真正感覺到「自己有價值」。別人的認同可以抹消我們的自卑感、擁有自信。沒錯，就是「價值」的問題。老師您之前不是也提到過，所謂的自卑感是價值判斷的問題。我就是因為得不到父母的認同，才會一直在自卑感的包圍下成長！

哲學家　那麼，用你身邊熟悉的場所為例來想想看好了。假設你在上班的地方撿垃圾，可是身邊的人完全沒注意到。又或者，就算注意到了，也沒有人感謝你，連一句「謝謝」都沒有。那麼，你之後還會繼續撿垃圾嗎？

年輕人　這狀況有點微妙。嗯，如果都沒人感謝我的話，說不定我會放棄。

哲學家　為什麼？

年輕人　因為我撿垃圾是「為了大家」呀。如果為大家流汗付出，卻連個感謝都沒有，豈不是讓人失去繼續做下去的意願？

哲學家　所謂「認同的需求」的危險性就在這裡。究竟為什麼要尋求他人的認同？大多數的情況下，是受了「賞罰教育」的影響。

年輕人　賞罰教育？

哲學家　只要採取適當的行動，就會得到讚賞；萬一做出不當行為，則要接受處罰。阿德勒對這樣的賞罰教育提出了嚴厲的批判。因為實施賞罰教育後，將衍生出一種錯誤的心態：「如果沒有人稱讚我，就不採取適當的行動。」「如果沒有人處罰我，就做出不當的行為。」也就是先有了想要別人稱讚的目的，才去撿垃圾。於是只要得不到讚美，就會覺得憤慨，或是下定決心再也不要做這些事。這很明顯是一種奇怪的想法，不是嗎？

年輕人　不是這樣的！請您不要把事情想得那麼狹隘！我並不是在和您談論教育理念。我認為想獲得喜歡的人的認同、想被身邊的人接納，這是理所當然的需求！

哲學家　你犯了一個很大的錯誤。聽清楚了，**我們「並不是為了滿足他人的期望而活」**。

年輕人　您說什麼？

哲學家　你不是為了滿足他人的期望而活，我也不是為了滿足他人的期望而活。**我們沒有必要去滿足別人的期望**。

年輕人　您、您這種說法太自私了！您的意思是要我們只顧自己，獨善其身過日子嗎？

哲學家　在猶太教的教義中，有一句話是這麼說的：「倘若你不為自己的人生而活，究竟誰要為你的人生而活？」你過的是屬於你自己的人生。如果要問為誰而活，毫無疑問是為了你自己。又如果你不為自己的人生而活，那麼到底是誰要去為你的人生而活？我們終究還是要顧著「自己」過日子，而且也沒有道理不這麼做。

年輕人　老師，您果然中了虛無主義的毒害！竟然說我們終究還是要顧著「自己」過日子，還說這樣是對的？這是多麼卑劣的想法！

哲學家　我不是虛無主義者。而且正好相反，老是想要尋求別人的認同、在意他人的評價，到最後**你過的就是別人的人生**。

年輕人　這是什麼意思？

哲學家　因為太想獲得認同，結果就依照他人「希望你是如此」的期望，拋棄真正的自我，過著別人的人生。

還有，請記住，如果你「不是為了滿足他人的期望而活」，那麼**別人也「不是為了滿足你的期望而活」**。所以當別人不能如你所願地行動時，你不可以因此動怒，因為這一切都是理所當然的。

年輕人　不對！這根本是徹底顛覆社會的說法！您要知道，我們確實有認同的需求。只不過為了獲得別人的認同，我們必須先尊重並認同他人。同時，正因為認同了他人、認同了不一樣的價值觀，我們自己也才能被對方接納、尊重。也由於這種相互認同，我們才能夠構築這個「社會」！

老師您的論點將人類逼進了孤立的死巷裡，引起對立，是必須唾棄的危險思想！這一切根本就是挑撥人與人之間不信任及猜疑心的惡魔伎倆。

哲學家　呵呵，這些有趣的字眼你倒是知道得不少。不用這樣聲嘶力竭，我們一起想想吧。只要得不到認同就會感到痛苦，所以你得不到別人和父母的認同，就沒有自信。像你這樣的人生，真的可以算是是健全的嗎？

比如「因為神在看著我們，所以積德行善」，和「因為神並不存在，所以允許惡行」根本就是殊途同歸的虛無思想。其實就算神不存在，就算得不到神的認同，我們還是一樣要過日子；也正因為我們要克服這無神世界的虛無，所以必須否定獲得他人認同的必要性。

年輕人　關於神的問題，怎樣都無所謂！請您更直接、更坦白地考慮一下我們這些市井小民的心情！

例如，我們希望獲得社會認同的這些需求該怎麼辦？我們為什麼想在組織和團體中出人頭地？又為什麼要追求名聲地位？完全都是因為想在整個社會中成為出色的人物後，得到大家的認同，歸根究底就是為了尊重及認同的需求！

哲學家　好，獲得了認同，是不是就能說是真正的幸福？那些在社會上已經有相當地位的人，真正感受到幸福了嗎？

年輕人 這，這個嘛……

哲學家 想要獲得別人認同的時候，大多數人都是以「滿足他人的期望」為手段。遵循賞罰教育的做法，只要採取適當的行動就可以獲得讚美。可是一旦我們把工作的目的變成「滿足他人的期望」時，這份工作做起來應該會很辛苦吧。因為你常常要在意別人的目光、害怕他人的評論、刻意壓抑「自我」的本性。

或許你會覺得有些意外，其實來這裡接受諮商的人，幾乎很少有任性自私的，反倒都是為了要符合他人、父母或老師的期望而受苦。如果往好的方面解釋，他們的言行舉止都不會以自己為中心，而不顧他人感受。

年輕人 所以您要他們任性一點嗎？

哲學家 並不是要他們表現出旁若無人的樣子。其實如果想理解這個部分，必須先知道阿德勒心理學中「課題的分離」的概念。

年輕人 ……課題的分離？咦，是新的說法喔，聽聽看吧。

年輕人的焦躁不耐已經到達巔峰。要我否定認同的需求？不要去滿足他人的期望？要活得更加自我？這個哲學家到底在說什麼？認同的需求不正是人與人互動以及構築社會最大的動機嗎？年輕人心想，如果這個什麼「課題的分離」無法說服我的話……這個男人，還有阿德勒，我這一輩子應該都不會接受他們的想法。

什麼是「課題的分離」？

哲學家 假設有一個很不用功的小孩。上課不聽講，也不做習題，連課本都丟在學校。如果你是他的父母，你會怎麼做？

年輕人 當然是想盡一切辦法讓他用功讀書啊。像是讓他去補習或請家教，視情況而定，甚至揪著他耳朵也要想辦法解決，這是身為父母應盡的責任吧。您眼前就有一個活生生的例子，我就是在這種教養方式中長大的。每天的功課沒寫完之前，是沒有晚餐吃的。

哲學家 那麼讓我再請問你一個問題。在這種高壓強制下被迫讀書的結果，你有沒有變得喜歡讀書呢？

年輕人　很遺憾，我並沒有變得喜歡讀書。我只是為了應付學校及考試而讀書，就像例行公事一樣。

哲學家　我明白了。那就讓我來說明一下阿德勒心理學中的基本立場。舉例來說：當我們眼前有「用功讀書」這樣一個課題時，阿德勒心理學就會從**「是誰的課題？」**這個觀點切入，進行思考。

年輕人　誰的課題嗎？

哲學家　孩子要不要用功讀書，或是要不要和朋友出去玩，這原本是「孩子的課題」，而不是父母的課題。

年輕人　您的意思是，這是應該由孩子來做的？

哲學家　簡單來說就是這樣。就算父母代替孩子讀書也沒用吧？

年輕人　是啊，話是那麼說沒錯。

哲學家　讀書是孩子的課題。所以當父母命令孩子「好好用功讀書」時，就像帶著滿腳泥巴踩進別人家裡，干涉了別人的課題。這麼一來，就很難避免衝突了吧。因此**我們必須站在「這是誰的課題？」的觀點，將自己和他人的課題切割開來**。

年輕人　切割之後要怎麼做？

哲學家　**不涉入他人的課題**。就只有這樣。

年輕人　……只有這樣嗎？

哲學家　大致上，**所有人際關係中的紛爭，差不多都是因為一腳踩進人家的課題裡，或是自己的課題遭到干涉所引起的**。只要能做到課題的分離，人際關係應該也會產生劇烈的變化。

年輕人　嗯～我不太懂耶。那到底要怎麼分辨「這是誰的課題」呢？說真的，在我看來，讓孩子用功讀書也可以算是父母的責任啊，因為幾乎很少有孩子是喜歡而且自願用功讀書的，不管怎麼說，父母都是監護人嘛。

哲學家　要區分是誰的課題，方法很簡單。請想一想**「因為這個決定而帶來的結果，最後會由誰來承受」**？

如果孩子選擇了「不用功讀書」，那麼最後要接受這個決定所導致的結果，例如功課跟不上，無法進入心目中理想的學校等等的，不會是父母，毫無疑問的，就是孩子自己。也就是說，用功讀書是孩子的課題。

年輕人　不對，不對，完全不是這樣！為了不讓事情惡化到那個地步，身為人生路上的前輩和監護人的父母，也有責任告誡孩子，要他「用功讀書」吧。這是為孩子著想，並不是干涉他們的行為。或許「用功讀書」是孩子的課題沒錯，但「要讓孩子用功讀書」就是父母的課題了。

哲學家　世上的父母的確常常說「這是為你著想」這句話。但是很明顯的，父母們是為了自己的目的，也許是為了體面或虛榮心，或是為了滿足支配欲等所採取的行動。也就是說，不是「為了你」，而是「為了我」。正因為孩子察覺到這種欺瞞行為，才會有反彈的舉動。

年輕人　那麼您的意思是，因為這是孩子自己的課題，所以即使孩子完全不用功讀書，也都應該隨他去囉？

哲學家　這裡必須注意的是，阿德勒心理學並不鼓勵放任主義。所謂的放任，是完全不知道孩子在做什麼，也不想知道。我所說的不是那樣，而是清楚知道孩子在做些什麼，在身旁守護他。以讀書來說，可以事先讓他知道這是他自己的課題，如果他想要用功讀書，你會隨時在身邊提供他需要的支援。但是，絕對不要干涉孩子的課題。在孩子沒有提出請求的情況下，不要一一插嘴干涉。

年輕人　這種做法不限於親子關係嗎？

哲學家　當然。例如在阿德勒心理學中的諮商觀念也是一樣，尋求協助的諮詢者要不要改變，並不是諮商師的課題。

年輕人　您說什麼？

哲學家　來訪者在接受諮商後，要怎麼下決定、要不要改變生活型態，這都是他本人的課題，諮商師不能介入。

年輕人　哇，可以容許這種不負責任的態度嗎?!

哲學家　當然，我們會盡心盡力提供一切協助，可是絕不能進一步介入。有句諺語是這麼說的：「**我們可以將馬牽到水邊，卻不能強迫牠喝水。**」所以請你了解，阿德勒心理學之中的諮商以及所提供的一切支援都是這樣的立場。因為無視當事人的意願，強迫他「改變」，只會在事後引起更強烈的反彈。

年輕人　所以諮商師並不會改變諮詢者的人生嗎？

哲學家　**只有自己可以改變自己。**

割捨別人的課題

年輕人　那麼，像那種自我禁閉的情況又如何呢？也就是類似我朋友那樣的情形。難道您連這個都要說應該課題分離、不要介入干涉、和父母沒關係嗎？

哲學家　要不要從自我禁閉的狀態脫離，或是如何脫離，原則上是他自己應該解決的課題，而不是由父母介入。只不過，彼此之間終究不是毫不相干的陌生人，還是需要某種程度的協助吧。這時候，最重要的是，當孩子陷入困境時，能不能坦白地找父母商量？彼此之間是不是從平常就建立了互相信賴的關係？

年輕人　假如今天自我禁閉的是老師您自己的孩子呢？您又會怎麼做？請不要以哲學家的身分，而是以為人父母的立場來回答這個問題。

哲學家　首先，我自己會認定「這是孩子的課題」，不會介入他自我禁閉的狀況，也不會過度關注。此外，我會讓他知道，當他覺得困擾的時候，我隨時可以提供協助。這麼一來，察覺到父母變化的孩子，就不得不把今後該如何自處當成自己的課題來思考。接下來或許會向外尋求協助，應該也有可能憑自己的力量解決問題吧。

年輕人　當您的孩子陷入那種狀況，真的還能切割得那麼清楚嗎？

哲學家　那些因為親子關係而苦惱的父母，往往認為「孩子就是我人生的一切」，把孩子的課題都當成是自己的，全部攬在身上。無時無刻不想著孩子的結果，就是當他回過神來，人生中的「自我」已經消失不見。只是，無論怎樣把孩子的課題全部背負在身上，孩子畢竟是獨立的個體，不是每件事都會依照父母的心意。不管是念書、就業、找結婚對象，或是一些日常生活中的小細節，都不可能完全如父母所願去行動。當然，父母會擔心，也會想介入，可是剛才我也說過，「別人不是為了滿足你的期望而活」。就算是自己的孩子也一樣。

年輕人　連家人之間都要劃清界線嗎？

哲學家　其實越是關係親近的家人，越需要刻意將課題切割開來。

年輕人　這太可笑了！老師，您一方面談論愛，另一方面卻否定愛！如果依照您的做法和別人劃清界線的話，豈不是沒有人可以相信了嗎?!

哲學家　你聽清楚了，所謂的「相信」，其實也是一種課題分離的行為。相信別人，這是你的課題；可是別人對你的期望或信任要怎麼反應，卻是別人的課題。如果不把握這個分際、劃清界線，還要一意孤行地將自己的期望強行加諸在別人身上，立刻會變成一種騷擾式的「介入」。

假設對方並沒有如我們所希望的那樣去行動，你還能不能相信他？還能不能愛他？阿德勒所說的「愛的任務」之中，就包含了這樣的提問。

年輕人　好難，太難了！這實在是……

哲學家　那當然。不過，請你這樣想想：介入他人的課題，還有背負他人的課題，會讓自己的人生變得沉重又辛苦。如果你的人生正面臨著苦惱，這樣的苦惱必然是來自於人際關係。所以首先，你必須清楚知道「從這裡開始，就不是我的課題了」，然後把他人的課題切割、捨棄。這就是讓人生卸下重擔、變得單純的第一步。

一舉解決人際關係的煩惱

年輕人　……總覺得有點無法接受。

哲學家　那就針對你找工作時的狀況，想像一下父母激烈反對的場面吧。事實上，當初應該也遭到反對，是吧？

年輕人　嗯，雖然沒有激烈到正面衝突的地步，但言談中總有那麼一點挖苦諷刺的味道。

哲學家　好，為了容易理解，我們把它當成激烈反對的情況好了。你的父親激動到破口大罵，母親則是淚流滿面地提出反對。除了絕對不同意你擔任圖書館館員之外，還逼迫你如果不和哥哥一起繼承家業的話，就要斷絕親子關係。然而，這種「不同意」的情緒要如何調適緩解，並不是你的課題，而是你父母的課題。你根本不用在意。

年輕人　請、請等一下！所以老師您的意思是「無論讓父母親多麼傷心都沒關係」嗎？

哲學家　沒關係。

年輕人　開玩笑！哪有這種鼓勵大家忤逆不孝的哲學？

哲學家　關於自己的人生，你所能做的只有「**選擇一條自認為最好的路**」。另一方面，**別人要對你的選擇做出什麼樣的評論，這是別人的課題，你是無法干**

預的。

年輕人　您是說，別人要對你怎麼想、不管是喜歡還是討厭，這都是別人的課題，而不是你的。是這樣嗎？

哲學家　所謂的「分離」就是這麼一回事。正因為你在意別人的眼光和對你的評價，所以才會不斷尋求他人的認同。那麼你又為什麼會在意別人的眼光呢？阿德勒心理學提出的答案很簡單：因為你還做不到課題的分離，才會把原本應該屬於他人的課題當成自己的課題了。

請你回想一下老太太說過的那句話：「會在意你長相的只有你自己。」她這句話，直接指出了課題分離的重點。別人看到你的臉要怎麼想，是別人的課題，而不是你可以左右的。

年輕人　……這道理、道理我是懂啦。就理性的部分我是可以接受，但是心情上，我實在無法跟上那麼蠻橫的論點。

哲學家　那我們從其他角度來思考一下吧。假設有個人正因為公司裡的人際關係而苦惱。他的上司是個完全無法溝通的人，一有什麼事就大聲斥責，無論他怎麼努力，都無法獲得認同，連他說些什麼，對方都不肯好好聽。

年輕人 簡直就和我的上司一樣，他就是這種人。

哲學家 可是，獲得上司認同這件事，是你應該優先考量的「工作」嗎？所謂的工作，應該不是指受到公司同事歡迎吧。

既然上司討厭你，而且顯然有數不清的理由挑剔你，那就沒有必要一直主動靠過去。

年輕人 照道理來說，是這樣沒錯啦。不過他是我的上司，被直屬的上司疏遠，工作怎麼做得好？

哲學家 「因為上司對你冷眼相待，所以無法工作」，這又是阿德勒所說的「人生的謊言」。「我的工作之所以做不好，完全都是因為那位上司」，會這麼說的人，就是把上司當成「工作不順利」的藉口。就像那個有臉紅恐懼症的女學生一樣，這個「討厭的上司」對你來說有存在的必要性，讓你有藉口說：「要是沒有這位上司，我的工作可以做得更好。」等等。

年輕人 不，老師您應該不知道我和上司之間的關係吧！請您不要隨便猜測！

哲學家 這關係到阿德勒心理學的根本論述。你這麼生氣的話，就什麼也聽不進去了。「因為有那樣的上司，所以我無法工作」，這完全是決定論的觀點。如果是目的論，你就要想「因為我不想工作，所以編造了一個討厭的上司」，或是「因為不想承認自己辦不到，所以編造了一個討厭的上司」。

年輕人　以老師您最精通的目的論來看，是會變成那樣沒錯。但是我的情況不一樣！

哲學家　好，如果你已經可以做到課題分離的話，情況又會如何呢？也就是說，無論上司的怒斥有多不合情理，但那並不是「我」的課題。不合情理的這種情緒，是你的上司必須自己處理的課題。你不必向他靠攏，也不用卑躬屈膝、低聲下氣。你必須做的是，坦誠面對自己的課題，不對自己的人生說謊……如果你已經確實理解的話。

年輕人　不過，那……

哲學家　我們大家都因為人際關係而受苦。你或許是因為和父母兄長之間的關係，又或者是因為工作上的人際關係。記得上次你曾經說過，希望能有更具體的對策。

我的提議是這樣。首先，想想看：「這是誰的課題？」然後將課題切割分離。

冷靜地劃清界線，到哪裡是自己的課題、從哪裡開始是別人的課題。

接下來，**不要介入別人的課題，也不要讓任何人介入你的**。這就是具體而且隱含著某種可能性、能讓人際關係上的苦惱為之一變，也是唯有阿德勒心理學才有的劃時代觀點。

年輕人　……喔，老師您今天一開始提到「自由」的目的，好像漸漸浮現出來了。

哲學家　是的，我們正要開始談談有關「自由」的話題。

斬斷難題

年輕人　聽起來，懂得課題分離，並且身體力行之後，人際關係的確會立刻變得自由。不過我還是無法完全接受！

哲學家　說來聽聽。

年輕人　理論上，我認為課題的分離是非常正確的。別人要怎麼看我、如何評斷我，那是別人的課題，我根本無能為力。我所能做的，只有不對自己的人生說謊、盡本分做自己該做的。這些都幾乎可以稱得上是人生真理，非常正確。

可是請您想想看，在倫理上或道德上，那樣的做法是正確的嗎？在自己和他人之間劃清界線的人生態度，豈不是連那些真心關懷我們的人都要拒於門外，對他們說「你這樣做是介入我的課題」？這難道不是踐踏別人的好意嗎？

哲學家　你聽過亞歷山大大帝這號人物嗎？

年輕人　亞歷山大大帝？嗯，讀世界史的時候是有聽過啦……

哲學家　他是活躍於西元前四世紀的馬其頓國王。當年他遠征到波斯領土的利底亞時，當地的神殿中祭祀著一輛戰車。那輛戰車是過去的國王哥帝安用特殊而牢靠的繩結綁在神殿柱子上的，大家都傳說「解開這個繩結的人，將成為亞洲之王」。許多自認為很有辦法的人都抱著「捨我其誰」的想法前來挑戰，可是那繩結卻異常牢固，沒有人能解開。那麼，你認為當亞歷山大大帝見到這繩結之後，會怎麼做呢？

年輕人　喔～想必他很厲害地解開了傳說中的繩結，不久就當上了亞洲之王是吧？

哲學家　不，不是這樣的。亞歷山大大帝看到那繩結非常牢固，就拿出一把短劍，一刀切斷了它。

年輕人　什麼?!

哲學家　據說當時他是這麼說的：「所謂的命運，並非依靠傳說來安排，而是揮舞自己的劍去斬開。」意思是說，我根本不需要傳說的力量來為我加持，一切都靠自己的劍來開拓命運。如你所知，後來他成為支配中東到西亞地區的帝王。這就是為人所知的「哥帝安的繩結」，一段有名的軼聞。

這種錯綜複雜的繩結就像人際關係中的「羈絆」，已經不是過去那種老套的方式可以解開的，必須要用一些全新的手法來切斷不可。每當我在說明「課題的分離」時，總是會想起「哥帝安的繩結」這個故事。

年輕人　但是老師，請原諒我不客氣地說一句，並不是每個人都可以成為亞歷山大大帝呀。他斬斷繩結的這段軼聞，就是因為沒有其他人做得到，才會到現在還被當成英雄事蹟來談論吧？課題的分離也是一樣。明明知道用劍把它斬斷就好，卻始終做不到。因為當我們積極進行課題分離之後，就會連人與人之間的牽絆都切斷，讓人陷入孤立的狀態。老師，您所說的課題分離根本完全忽略了人類的情感！用這種方式要怎麼建立良好的人際關係呢？

哲學家　還是可以建立的。**課題分離並不是人際關係的終極目標，不如說它其實是個入口**。

年輕人　入口？

哲學家　比如你看書的時候，要是把書本拿得太近，反而什麼都看不見吧？同樣的，想建立良好的人際關係，是需要一點距離的。當彼此之間距離太近、太密切的時候，反而無法正面對談。

雖然這麼說，距離太遠也不行。當父母老是斥責孩子的時候，兩顆心就會漸行漸遠。這麼一來，不但孩子不願意找父母商量事情，父母也無法提供適當的幫助。因此，彼此之間保持一個適當的距離，只要一伸手就可以搆得到，卻不介入或干涉對方，是很重要的。

年輕人　就算是親子關係也需要距離嗎？

哲學家　當然。對於課題分離的部分，剛才你提到這樣做會踐踏別人的好意。這其實是一種受「回報」束縛的想法。也就是當別人為我們做了些什麼的時候，就算自己並不是發自內心，也必須加以回報的觀念。

這種想法與其說是報答對方的好意，**其實不過是受「回報」的觀念束縛罷了。**無論對方採取了什麼行動，決定自己該做什麼的還是自己。

年輕人　您是說，我所提到的「羈絆」，它的基礎其實就是回報？

哲學家　是的。當「回報」存在於人際關係的基礎上時，就會產生一種「我給了你這麼多，你也應該回報我」的心情。當然，這是跟課題的分離差距很大的想法，我們既不能要求回報，也不能受它束縛。

年輕人　嗯。

哲學家　只是有時候也會遇到不需分離課題，甚至是介入對方課題反而比較輕鬆的例子。像是照顧孩子的過程中，孩子始終無法順利綁好自己的鞋帶。對一個忙碌的母親來說，與其等他綁好，還不如主動幫他綁比較快。這是介入，而且是剝奪了孩子的課題。這種介入一再重複的結果，就是孩子什麼也沒學會，並失去了面對人生任務的勇氣。阿德勒說：「沒學會面對困難的孩子，將會閃躲所有一切的困難。」

年輕人　可是您這個想法太過冷酷無情了！

哲學家　當亞歷山大大帝斬斷繩結的時候，恐怕也有人這麼想吧。繩結必須用手來解開才有意義，亞歷山大大帝用劍斬斷它是不對的，完全誤解了神的旨意。

其實阿德勒的心理學中，是有這麼一個**與常識對立（反命題）**的面向。例如：否定原因論、否定創傷、採用目的論、認為人類所有的煩惱都來自於人際關係，還有不尋求認同以及課題的分離等等概念，這些都可以說是與常識對立的。

年輕人　……這，不可能！我辦不到！

哲學家　為什麼？

哲學家所說的「課題分離」，內容實在是太過震撼了。當認定所有煩惱都來自於人際關係的時候，課題的分離確實是有用的。如果只抱著這種觀點，世界應該會變得相當單純吧。可是這當中無血無淚，完全感受不到身為人的溫度。這樣的哲學讓人難以接受！年輕人從椅子上站了起來，高聲控訴。

認同的需求讓你不自由

年輕人　我呢，從以前就非常不滿！社會上有些大人會對年輕人說：「放手去做你自己想做的事吧。」臉上掛著笑容，一副好像非常了解你、和你是好麻吉的樣子。可是這全都是因為這些年輕人對他們來說，根本毫不相干，不管講什麼都不必負責任，才會這樣隨便說說！

另一方面，我們的父母或師長雖然會提出一些實際卻很乏味的建議，像是「去讀那間學校！」或「找個安定的工作！」之類的。但這些並不只是單純的介入，而是有負起責任的打算，像家人一樣認真考慮我們的將來，所以不會隨隨便便就說「放手去做喜歡的事」這種不負責任的話！

我想，老師您可能也會用一副好麻吉似的表情對我說：「去做自己想做的事吧！」但是我再也不會相信這樣的人了！這就像揮手拍掉肩膀上的毛毛蟲一樣，是非常不負責任的說法！這隻毛毛蟲就算被其他人踩得扁扁的，老師您應該也只會淡淡地說：「這不是我的課題。」然後拍拍屁股就走了吧！說什麼課題的分離，根本就是殘酷冷血的人！

哲學家　呵呵，看來你的心情不太平靜。總之，某種程度上你希望有人介入、想讓別人決定你自己的道路，是嗎？

年輕人　既然都說到這兒了，或許就是這樣吧！是啦，沒錯！要判斷別人對我有什麼期望、希望我扮演什麼角色，其實沒有那麼困難；可是要按照自己喜歡的方式過生活，卻很不容易。自己期望什麼？想變成什麼？過什麼樣的人生？這些具體的樣貌實在太難想像。如果您認為每個人都有明確的目標或夢想，那可就大錯特錯了。老師您連這個都不曉得嗎？

哲學家　的確，滿足他人的期望過日子應該很輕鬆吧。因為你將自己的人生全都託付給別人，就像走在父母鋪好的軌道上。即使當中有大大小小的各種不滿，但只要走在軌道上，就不會迷路。如果自己決定要走的路，就有可能面臨迷惘、不知所措，必須直接面對「應該如何生活」這堵牆。

年輕人　就是因為這樣，我才會尋求別人的認同。老師您剛才提到有關神的部分，說在那個大家相信有神明存在的時代裡，都以「神在看著我們」做為自律的規範是吧？因為只要有了神的認可，就不需要其他人的認同。可是這種時代老早就結束了，所以只有依賴「別人在注意我」來規範自己，以獲得他人認同為目標，過著正經的生活。別人的眼光，就是我的指標！

哲學家　到底要選擇別人的認同，還是選擇沒有別人認同的自由道路，這是很重要的問題，我們一併來思考看看。在意別人的目光、看別人的臉色過日子、為了實現別人的期望而活，這些或許真的可以做為路標，卻是非常不自由的生活方式。

為什麼偏偏要選擇這麼不自由的生活呢？你一直在說「認同的需求」這件事，換句話說，你應該**不希望有任何人討厭你**吧？

年輕人　哪有人故意想被別人討厭的！

哲學家　沒錯。確實不會有人希望被別人討厭。可是請你想想看，為了不被人討厭，該怎麼做呢？答案只有一個。你必須隨時察言觀色、對所有人宣誓效忠。如果你身邊有十個人，就要向這十個人宣誓效忠。這麼做，應該可以暫時不被人討厭。

可是，這時候有一個很大的矛盾在等著你。因為一心希望不被討厭，而同時向十個人宣誓效忠，這就像陷入民粹主義的政治家一樣，連辦不到的事也答應「會辦到」，無法擔負的責任也攬在身上。不用說，這樣的謊言很快就會被拆穿，接著失去信用，讓自己的人生雪上加霜。當然，不斷說謊所帶來的壓力更是超乎你的想像。

這部分請你務必要想清楚。為滿足他人的期待而活，還有將自己的人生託付給他人的做法，是**對自己，也對身邊的人不誠實的生活方式**。

年輕人　所以您的意思是要以自我為中心，隨自己喜好過日子嗎？

哲學家　把課題分離，並不是以自我為中心。倒不如說，**介入別人的課題才是以自我為中心**。父母強迫孩子用功讀書，連出路和結婚對象都要插嘴，沒有什麼做法比這些還要自我的了。

年輕人　這麼說來，孩子可以不顧父母的意見，隨自己的喜好過日子囉？

哲學家　沒有任何理由不讓自己隨著喜好過日子。

年輕人　哼哼，老師您除了是個虛無主義者之外，同時也是一個叛亂分子、享樂主義者！這簡直離譜到讓人目瞪口呆，我都忍不住要笑出來了！

哲學家　大人們自己選擇了不自由的生活方式，所以一見到眼前這些活得很自由的年輕人，就批評他們是「享樂的」一群。這當然也是他們為了說服自己接納不自由的人生，必須說的人生謊言。如果是那些為自己選擇了真正自由的大人，不只不會說出那樣的話，反而還會支持鼓勵年輕人選擇自由的人生吧。

年輕人 好，說了這麼多，還是關於自由的問題吧？那我們回到原來的主題。從剛才就一直不斷提到自由，老師您所認為的自由究竟是什麼？我們到底要怎麼做才能變得自由？

真正的自由是什麼？

哲學家 你剛才承認了「不想被任何人討厭」，還說「哪有人刻意想要被別人討厭」，是吧？

年輕人 嗯。

哲學家 我也一樣，並不希望被其他人討厭。你所謂的「沒有人故意想被別人討厭」，也算得上是觀察敏銳了。

年輕人 這是普遍的需求！

哲學家 話雖然這麼說，但這些事卻和我們的努力無關，事實上，既有討厭我的人，也有討厭你的人。當你被人討厭，或只是覺得好像有人討厭你的時候，是什麼心情？

年輕人　當然很苦惱啊。一直不停地想：「為什麼別人會討厭我？」「到底自己的行為有哪些地方不恰當？」「和別人互動的時候，是不是這樣做比較好？」……產生自責的念頭，很煩惱。

哲學家　不想被別人討厭是人類極其自然的欲望與衝動。近代哲學的巨人——康德稱這樣的欲望為「傾向性」。

年輕人　傾向性？

哲學家　是的。就是本能的、衝動的欲望。如果說順著這種傾向性，也就是順著欲望或衝動過日子、像顆從坡道上滾落的石頭一樣，就是「自由」的話，那可就大錯特錯了。那樣的生活方式頂多只是欲望和衝動的奴隸罷了。真正的自由其實是將滾落的自己由下往上推的態度。

年輕人　由下往上推？

哲學家　石頭本身是沒有力量的。一旦由坡道上開始滾落，就會因為重力或慣性的作用不斷滾動。但我們不是石頭，是可以和傾向性對抗的；我們可以讓滾落的自己停下腳步，順著坡道往上爬。

認同的需求或許算是一種天生的欲望吧。那麼，難道我們為了獲得他人的認同，就必須在坡道上不斷翻滾嗎？要像滾動的石頭一樣損耗自我，直到失去原來的形狀、變得圓滑為止嗎？最後變成的這顆球體真的可以算上是「真正的自己」嗎？這是不可能的。

年輕人　您是說，抵抗本能和衝動就是自由嗎？

哲學家　如同我一再提到的，阿德勒心理學認為「一切煩惱都來自於人際關係」。所以我們希望由人際關係中解放、尋求自由。但是要在宇宙中自己一個人獨自生活，根本是不可能的事。思考到這裡，對於「所謂的自由是什麼？」可以說已經有了結論。

年輕人　是什麼？

哲學家　換句話說，「**所謂的自由，就是被別人討厭。**」

年輕人　您、您說什麼?!

哲學家　就是有人討厭你。那正是你行使自由、讓自己生活自在的證據，是依照自己的生活方針過日子的標記。

年輕人　這、這個，可是……

哲學家　被討厭的確很難過。可以的話，還是希望不被任何人討厭，可以滿足認同的需求。可是為了不讓所有人討厭而汲汲營營的生活，不只非常不自由，同時也是不可能的任務。

想要行使自由，就要付出一些代價。而為了人際關係上的自由所必須付出的代價，就是被別人討厭。

年輕人　錯了！這絕對是錯的！那才不是自由！那是慫恿大家「變成壞人」的惡魔思想！

哲學家　相信你一直以來所認為的自由就是「從組織中解放」吧。例如由家庭、學校、公司或國家等等組織跳脫出來就是自由。可是就算你由組織跳脫出來，還是無法得到真正的自由。**如果你無法不在意他人的評價、無法不害怕被人討厭，也不想付出可能得不到認同的代價，就無法貫徹自己的生活方式**；也就是，得不到自由。

年輕人　……老師，您是要我「惹人討厭」嗎？

哲學家　我是要你別害怕被人討厭。

年輕人 不過那是……

哲學家 我並不是要你刻意選擇惹人討厭的生活方式或做壞事，請不要誤會了。

年輕人 可是……好，那我換個方式問好了。人，是否有能力承受自由的重量？人真的有那麼堅強嗎？例如：就算被父母討厭也無所謂，可以只顧自己、蠻不講理嗎？

哲學家 不是要大家獨善其身，也不是蠻不講理，只是要做到「課題分離」而已。就算有人不為你著想，那也不是你的課題。還有，認為「別人應該喜歡我」或是「我已經付出這麼多，要是不喜歡我就太奇怪了」等等，其實都是介入對方課題、尋求回報的想法。

不害怕被討厭的可能性，邁步向前，不去過那種如同由坡道上滾落的人生，攀登眼前的上坡路。這就是對人類而言的自由。

假設我眼前有兩個選項，一個是「受歡迎的人生」，另一個是「被討厭的人生」，當我非得從中選擇一項時，我一定毫不遲疑選擇後者。因為在顧慮別人怎麼想之前，我希望先誠實地貫徹自我。也就是我想要自由地生活。

年輕人　……老師您現在是自由的嗎？

哲學家　是，我是自由的。

年輕人　雖然不想惹人討厭，可是就算被討厭也無所謂？

哲學家　是啊。希望「不讓人討厭」或許是我的課題，但「要不要討厭我」就是別人的課題了。即使有人不為我著想，我也無從介入。當然，就像之前跟你提過的那句諺語，我可以努力「將馬牽到水邊」，可是那匹馬要不要喝水，就不是我的課題了。

年輕人　……這算什麼結論啊。

哲學家　變得幸福的勇氣中，也包含了「**被討厭的勇氣**」。當你獲得這種勇氣的同時，人際關係應該也會頓時變得輕鬆了吧。

人際關係的王牌由「我」掌握

年輕人　我完全沒想到，專程來到一位哲學家的書房，請他為我指點迷津，對方竟然想說服我「被討厭」。

哲學家 我也知道，這絕對不是個很容易接受的想法，在好好咀嚼消化前，勢必需要一些時間。今天就算再往下說，恐怕你的腦袋也裝不下了吧。所以最後讓我再說一個自己的例子，為課題分離做個總結。

年輕人 好的。

哲學家 也是和父母相關的話題。從小，我和父親之間的關係就不太好，兩人之間甚至不曾有過像樣的對話。就這麼到了我二十出頭的時候，母親過世，我和父親的關係更是越來越糟。沒錯，這種狀況一直持續到我遇見阿德勒心理學、真正了解阿德勒的思想為止。

年輕人 您和父親之間的關係為什麼不好？

哲學家 留在我記憶中的，是父親毆打我的景象。我並不記得是為什麼被打，只記得為了逃離父親而躲在桌子底下，但後來被他拖出來狠狠痛揍。而且不是只有一拳，是好幾拳。

年輕人 這樣的驚恐造成了創傷……

哲學家 認識阿德勒心理學之前，我的確是那麼想的。我父親是一個沉悶又很難相處的人。以佛洛伊德的決定論來看，會認為是「因為當時被毆打，所以關係惡劣」。

但如果以阿德勒的目的論來想，這種因果定律的解釋就會完全逆轉。也就是說，我是「為了不想和父親保持良好關係，才會浮現出這段被毆打的記憶」。

年輕人　老師的意思是，您先有了一個目的，就是不想和父親和樂相處，也不想修復關係，是嗎？

哲學家　沒錯。對我而言，不修復和父親之間的關係是比較好的。因為這樣一來，可以把父親當成我人生不順遂的藉口。這當中，有我個人所需要的「善」。從另一個面向來說，也有對頑固專制的父親「復仇」的意思在。

年輕人　這裡正是我想問的！就算因果定律逆轉了，依照老師您自己的分析，「不是因為被父親毆打導致關係惡劣，而是不想和父親保有良好關係，才讓這段被毆打的記憶浮現出來」。但實際上又有什麼不同？您小時候被打的事實，不會因為這樣而有什麼改變啊！

哲學家　從「人際關係的王牌」這個觀點來看就可以了。只要我執著於「因為被父親毆打，所以關係惡劣」這種決定論的想法，那麼現在的我只能束手無策。

可是當我解釋為「因為不想和父親保有良好關係，所以浮現出這段被毆打的記憶」時，這張修復關係的王牌就會在我手上。只要我改變「目的」，這個問題就解決了。

年輕人　真的這樣就能解決嗎？

哲學家　那當然。

年輕人　您真的有辦法這麼想嗎？理論上我可以理解，但心裡總覺得有那麼一點勉強，沒辦法接受。

哲學家　這裡就需要課題的分離了。我和父親之間的關係是很複雜沒錯；事實上，我也不認為像他那種頑固的人能輕易產生什麼轉變。我甚至認為，他很有可能根本就忘了曾經對我動過手。

不過，只要我有修復彼此關係的「決心」，不論父親有怎樣的生活型態、對我有什麼想法，以及對我這些行動會有什麼反應等等，都沒關係。就算他完全沒有打算和我修復關係也無所謂，問題關鍵只在於我要不要下決心，這張**人際關係的王牌始終是由「我」來掌握的**。

年輕人　人際關係的王牌始終是由「我」來掌握的……

哲學家　是的。大多數人總認為人際關係的王牌在別人手上，所以才會在意「不知道那個人對我的感覺怎麼樣」，而選擇了滿足他人期望的生活方式。可是只要懂得課題的分離，應該就會發現所有的王牌都在自己手上。這是一個新發現。

年輕人　那麼當老師自己有了改變之後，您父親也跟著變了嗎？

哲學家　我並不是為了「改變父親」才有所轉變的。這是一種想要操控別人的錯誤想法。

當我改變的時候，變的就只有「我自己」而已。我不知道對方會因此變得如何，也不能插手干預，這也是課題的分離。當然，隨著我的轉變，對方也會有些變化，但不是因為我的轉變而改變他，大多數的情況應該都是不得不變吧。只是，這並非我們的目的，而且還是有不變的可能性。總之，想要藉著改變自己的言行來操控對方，很明顯是一種錯誤的想法。

年輕人　所以不可以操控對方，也沒辦法操控。

哲學家　說到人際關係，我們總是自然而然想到「兩人之間」或「與多數人之間」的關係，其實首要關鍵還是在自己。一旦被認同的需求所束縛，人際關係的王牌就會永遠落在對方手中。這張王牌是要交給他人，還是自己掌握，還有關於課題的分離以及自由等等，請你回家後慢慢想清楚。下一次，一樣在這裡等候你的光臨。

年輕人 好的。我會自己想一想。

哲學家 那麼……

年輕人 老師，最後還有一件事，請讓我再問一件事。

哲學家 什麼事？

年輕人 ……最後，您和父親的關係修復了嗎？

哲學家 嗯，當然。我想是的。我父親晚年生了病，最後的幾年都需要我或家人的照顧。

就在某一天，當我像平常一樣照顧他的時候，他說了聲：「謝謝。」這讓我非常震驚，我從來不知道父親也會說出這樣的話。我很感謝過去這段時光，藉由長期照護，盡我所能地將父親帶到水邊，然後我的父親也在最後喝了水。我是這麼想的。

年輕人 ……謝謝。那麼下次同一時間再來拜訪您。

哲學家 和你談話很開心。我才要謝謝你。

第四夜　世界的中心在哪裡？

好險，差點被騙了！隔週，年輕人一臉憤慨地來敲門。雖然課題分離的方式確實有用，上一次自己也完全接納了這個想法。只不過這種生活方式未免也太孤獨了吧？分離了課題、減輕人際關係上的重擔，不就表示失去和他人之間的關係嗎？到最後竟然還說要被人討厭？如果這樣就叫做自由的話，我寧可選擇不自由。

個體心理學與整體論

哲學家　咦，今天看起來有點嚴肅喔。

年輕人　上次回去後，自己一個人冷靜地把課題的分離還有關於自由的部分都仔細想過了。我是等到情緒沉澱下來後，再用理性去思考的，結果在課題的分離上，還是有些地方想不通。

哲學家　喔，說說看吧。

年輕人　您說的課題分離，就好像拉起一條分隔線，最後變成「我是我，你是你」。這麼做可以減少人際關係上的煩惱沒錯，不過那種生活方式真的是對的嗎？我總覺得那是極度以自我為中心的一種錯誤的個人主義。記得第一次來到這裡的時候，您說過阿德勒心理學的正式名稱是「個體心理學」吧？我一直對這個名稱耿耿於懷，現在算是可以接受了。不過想一想，阿德勒心理學，也就是「個體心理學」，是一種把人變得孤立的個人主義吧？

哲學家　的確，阿德勒所取的「個體心理學」這個名稱很容易引起誤會，所以讓我先簡單說明一下。首先，個體心理學的英文是「individual psychology」，其中的個體（individual）以字源上的意義來說，是「無法分割」的意思。

年輕人　無法分割？

哲學家　是無法再分割的最小單位。具體上是哪些東西無法分割呢？阿德勒對於將精神與肉體分割、理性與情感分割、還有意識與無意識分割來思考的二元論價值觀，是持反對態度的。

年輕人　這是什麼意思？

哲學家　例如：你先回想一下那個因為臉紅恐懼症來尋求協助的女學生。她為什麼會罹患臉紅恐懼症呢？阿德勒心理學是不會把身體的症狀與心理（精神）

切割開來思考的。身體與心理是一體的，是無法再分割的一個「整體」。就像心裡緊張的時候手腳會發抖，臉頰潮紅，或者因為恐怖害怕臉色發青等等。

年輕人　嗯，身體和心理是有相連的部分。

哲學家　理性與情感、意識與無意識也都一樣。一個平常冷靜的人，是不會因為情緒激動而高聲怒吼的。我們是一個統合的整體，並不受單獨存在的情感而驅動。

年輕人　不，這不對。要將身體與心理、理性與情感，還有意識與無意識清清楚楚地分開來思考，才能對人類有正確的了解。這不是理所當然的嗎？

哲學家　當然，身體和心理是兩個不同的事物，理性與情感也有所不同，還有意識與無意識的存在，這些都是事實。

可是當我們生氣、對別人大聲怒吼的時候，是選擇用「整體的我」來做這件事，絕不是憑著單獨的情感，也就是與個人意志無關的方式來拉高分貝發脾氣。如果把「我」和「情感」切割開來，認為「是情感讓我這麼做，我受了情緒的驅使」，就很容易陷入人生的謊言。

年輕人　您是在說我對服務生發脾氣大叫的那件事吧？

哲學家　是的。像這樣**認定人類是無法再分割的「整體的我」**，就是「**整體論**」。

年輕人　好吧，就算是這樣好了。可是老師，關於「個人」的定義，我並不想聽您說這些學術上空泛的分析。您知道嗎，只要仔細想想阿德勒心理學，它最後的導向就是讓人進入一種「我是我，你是你」的孤立狀態；我不會干涉你，你也不要來管我，我們各自隨自己喜好過日子。關於這部分，請您說明白一點。

哲學家　好，我知道了。關於阿德勒心理學的基本思想，也就是「所有煩惱都是人際關係的煩惱」這一點，你應該已經了解了吧？

年輕人　嗯，為了解決這些煩惱，所以在人際關係上必須不干涉他人，也就是課題分離的想法，對吧？

哲學家　上一次我應該對你說過：「要締結良好的人際關係，必須保持一定的距離。太過親密的話，無法正面溝通，但是太遠也不行。」你要知道，課題的分離並不是要拒人於千里之外，而是為了把人際關係中錯綜複雜的結打開。

年輕人　把結打開？

哲學家　是的。現在的你，是在一種與別人糾纏不清的狀態下觀看這個世界，認為把紅、黃、藍、綠……所有顏色全都混在一起就是「連結」。可是那並不是「連結」。

年輕人　那麼老師對於「連結」的想法是什麼？

哲學家　上一次，針對解決人際關係的煩惱，提到過課題的分離這張處方箋。

但是人際關係並不是做到了課題的分離就好。倒不如說，**課題的分離只是人際關係的出發點**。今天我們就針對阿德勒心理學在人際關係上有什麼看法，以及應該與他人締結什麼樣的關係來做更深入的探討吧。

人際關係的終極目標在於「社會意識」

年輕人　那麼，請問老師——這裡我只需要一個單純的結論。老師您說，課題的分離是人際關係的出發點，那麼人際關係的「終點」又在哪裡？

哲學家　如果要我只說結論的話，那就是「**社會意識**」。

年輕人　……社會意識？

哲學家　對。這是阿德勒心理學的關鍵概念，關於它的評價也很分歧。事實上，當年阿德勒提倡這個概念的時候，有許多人因此離他而去。

年輕人　好像很有意思。然後呢？這到底是什麼樣的概念？

哲學家　是上上次嗎？我們談到過要把別人當成「敵人」還是「夥伴」，是吧？

這裡我們再進一步想想看，如果別人是我們的夥伴，我們在夥伴的環繞下生活，就可以從中找到自己的「歸屬」，而且也可以為夥伴，也就是共同體做出貢獻，對吧？像這樣，**把別人當成夥伴，並感覺到「有自己的歸屬」，就稱為「社會意識」**。

年輕人　評價的分歧點到底在哪裡？這種主張不是再平常不過了嗎？

哲學家　問題在於「共同體」的內容……當你聽到「共同體」的時候，你想到了什麼？

年輕人　嗯，家庭或學校、公司、地區、社會等等的。

哲學家　阿德勒所說的「共同體」，其實不只是家庭、學校、公司、地區、社會，還包括國家或人類全體等所有的一切。以時間軸來說，甚至還包括了過去和未來，更進一步連動植物和無生物都包括其中。

年輕人　啊？

哲學家　也就是說，他所提倡的「共同體」並不像我們所想的那樣，是在一個已知的框架中，他認為從過去到未來，還有包含宇宙全體所有的一切都是。

年輕人　欸，這根本無法理解。宇宙？過去或未來？到底在說什麼啊？

哲學家　聽到這種說法，大多數人都會有相同的疑問，很難馬上理解。連阿德勒自己都承認他所主張的「共同體」是一種「無法企及的理想」。

年輕人　唉，這就傷腦筋了。那換個方式問好了，老師您對於這個包含宇宙全體的社會意識，真的理解和認同了嗎？

哲學家　我認為是的。我甚至覺得，如果無法理解這個部分，就無法理解阿德勒心理學。

年輕人　喔～

哲學家　就像我一直跟你提到的，阿德勒心理學認為，「所有的煩惱都是人際關係的煩惱」。它是不幸的根源。但反過來說，幸福的關鍵也在於人際關係。

年輕人　的確是。

哲學家　而且**社會意識是我們在思考什麼是「幸福的人際關係」時，最重要的指標**。

年輕人　那我就洗耳恭聽了。

哲學家　社會意識的英文是「social interest」，也就是「對社會的關注」。我先問你一個問題，你知道社會學所說的「社會最小單位」是什麼嗎？

年輕人　社會最小的單位？這個嘛，是家庭吧？

哲學家　不，是「**我和你**」。只要有兩個人，就可以形成社會、產生共同體。要理解阿德勒所說的社會意識，首先就要以「我和你」為起點。

年輕人　以它為起點要做什麼？

哲學家　**把對自我的執著轉變為對他人的關心**。

年輕人　對自我的執著？對他人的關心？這是什麼東西啊？

為什麼只關心「我」？

哲學家 我們具體思考一下吧。首先，為了容易理解，我們把「對自我的執著」換成「以自我為中心」。在你心裡，以自我為中心的人是什麼樣子的？

年輕人 嗯，我會先想到像暴君一樣的人。蠻橫霸道、完全不考慮別人、只想到自己的需要；認為全世界都以他為中心，像個專制的國王一樣，任意在別人身上施展自己的權力和暴力，對身邊的人來說，是個大麻煩。就像莎士比亞筆下的李爾王那種類型的暴君。

哲學家 原來如此。

年輕人 另外還有一種，雖然不是暴君，卻會破壞整個組織的和諧，也可以算是以自我為中心的人。他沒辦法配合團體行動，喜歡獨來獨往，遲到或是爽約也從來不當一回事。簡單來講，就是個任性的人。

哲學家 的確，一般我們對那些以自我為中心的人大概就是這樣的印象。可是我們必須再加入一種類型。事實上，那些**做不到「課題分離」、被認同需求束縛的人，也是極度以自我為中心的**。

年輕人 為什麼？

哲學家 請你先思考一下認同需求的真實面。別人注意我到什麼程度、給我什麼樣的評價？也就是滿足我的需求到什麼地步……諸如此類，這些被認同需求束縛的人，看起來好像很在乎別人，事實上眼中只有自己。他們不關心別人，只關心「我」，也就是我們所說的以自我為中心。

年輕人 這麼說，像我這種不敢面對別人評斷的人，也是以自我為中心嗎？明明我已經對別人小心翼翼、每件事都盡力配合了，這樣也是嗎?!

哲學家 是的。單從只關心「我」的這層意義上來說，是以自我為中心的。因為你希望給別人好的觀感，才會在意他們的目光。那樣的做法並不是對別人的關注，只不過是對自己的執著罷了。

年輕人 可是……

哲學家 上次我曾經說過。事實上，有那些對你不以為然的人存在，才正好能說明你活得很自由。雖然這當中或許有那麼一點以自我為中心的感覺，可是根據我們剛才所討論的，你應該已經明白了吧。**完全只在乎「別人是如何看我」的這種生活方式，其實正是以自我為中心、只關心「我」的生活型態。**

年輕人　哇，這真是令人吃驚的說法！

哲學家　不只是你，所有執著於「我」的人都是以自我為中心，所以更要把「對自己的執著」轉換成「對別人的關心」。

年輕人　好吧。我承認，我的確只在意自己；不是關心別人怎麼樣，而是只關心別人怎麼看我。您要說我是以自我為中心，我無法辯駁。可是老師，請您想想看，如果我的人生是一部劇情片的話，這戲裡面的主角一定就是「我」吧？把攝影機對準主角難道是什麼天大的過錯嗎？

你並不是世界的中心

哲學家　我們按順序來說吧。首先，我們身為共同體的一分子，歸屬於它。感覺在共同體中有自己的位置。只要覺得「可以安身」，就表示有歸屬感，這是人類的基本需求。

所以像是學業、工作、交友、還有戀愛和婚姻，這一切其實都跟尋找「可以安身」的地方或關係有密切關連。你不覺得嗎？

年輕人　啊，是呀，沒錯！我完全同意！

哲學家　然後，你說到「我」是自己人生中的主角。到此為止的認知並沒有錯，可是這個**「我」並不是世界的中心**。「我」一方面是人生中的主角，同時也是共同體的一分子，是整體的一部分。

年輕人　整體的一部分？

哲學家　只關心自己的人，會認為自己就是世界的中心。對這些人而言，其他人不過是「為我做些什麼的人」，幾乎認定大家都必須為「我」而轉動，應該優先考量「我」的想法。

年輕人　就像王子或公主一樣。

哲學家　嗯，正是如此。他們逾越了「人生的主角」這個分際，成為「世界的主角」。因此他們和別人來往的時候，總想著：「這個人會給我什麼？」但是，大多數人的遭遇恐怕都跟王子或公主完全不同，他們的期望不可能每次都獲得滿足，因為「別人並不是為了滿足你的期望而活」。

年輕人　沒錯。

哲學家　而當期望無法滿足的時候，他們會大失所望、感覺受到嚴重侮辱、變得忿忿不平；他們會想：「那個人什麼也沒為我做。」「那個人辜負了我的期待。」「那個人不再是我的夥伴，是敵人。」等等。抱著「世界以我為中心」這種信念的人，通常用不了多久就會失去「夥伴」。

年輕人　這太奇怪了。老師您自己不是說，我們都住在主觀的世界裡嗎？只要這世界是一個主觀的空間，那麼它的中心就只有我，不會有其他人。關於這一點，我是絕不讓步的！

哲學家　當你提到「世界」這個字眼的時候，腦海裡浮現的，恐怕是像世界地圖一樣的景象吧？

年輕人　世界地圖？什麼意思？

哲學家　比如說，在法國所使用的世界地圖中，美洲大陸在左邊，右邊是亞洲；當然，地圖的中央位置就是歐洲和法國。再看看中國地圖，中間是中國，美洲大陸在右邊，歐洲在左邊。所以當法國人看到中國版的世界地圖時，恐怕會覺得自己好像被排擠、有人任意操弄這個世界一樣，有種難以形容的彆扭。

年輕人　嗯，是這樣沒錯。

哲學家　可是地球儀上的世界又是如何呢？地球儀上的中心可以是法國，可以是中國，也可以是巴西。所有的地方都可以是中心，也可以不是。根據觀看的人所站的角度和觀點，有無數個中心存在，這就是地球儀。

年輕人　嗯，沒錯。

哲學家　所以前面我所說「你並不是世界的中心」也是同樣的。**你是共同體的一部分，不是中心**。

年輕人　我不是世界的中心，世界不像平面的地圖，是像地球儀一樣的球體。嗯，理論上我是懂了，不過，為什麼需要特別提到「我不是世界的中心」這件事呢？

哲學家　這就要回到一開始所談的內容。我們都在追求一種「可以安身」的歸屬感，可是阿德勒心理學認為，所謂的歸屬感並不是待在那裡就能得到，必須自己主動積極參與共同體才能獲得。

年輕人　積極參與？具體來說是什麼樣的方式？

哲學家　**正面迎接「人生的任務」**，也就是不逃避愛、工作和交友這些人際關係任務，自己主動向前。如果你自認為是「世界的中心」，一定從來沒想過要積極參與共同體吧?因為你會認為其他人都必須「要為我做些什麼」,根本不必自己採取行動。

不過你和我都不是世界的中心。我們必須主動站起來,向人際關係的任務跨出那一步。不要想著「這個人會給我什麼?」而是「**我可以給這個人什麼?**」這就是參與共同體。

年輕人 您的意思是,付出些什麼,才能得到自己安身的地方嗎?

哲學家 是的。**所謂的歸屬感並不是與生俱來的,而是要靠自己的雙手去獲得的。**

社會意識,這個評價分歧的阿德勒心理學的關鍵性概念,對年輕人來說的確有點突兀且難以接受。當然,被說成「以自我為中心」也讓他有些不滿。但其中最讓人無法認同的是,竟然連宇宙或無生物也包含在共同體的範圍內。到底阿德勒還有這位哲學家在說些什麼?年輕人一臉困惑地開了口。

傾聽更大的共同體之聲

年輕人　嗯，我越來越聽不懂了。讓我先整理一下。首先，人際關係的入口是「課題分離」，終點是「社會意識」。然後，社會意識是「把別人當成夥伴，並感覺有自己安身的地方」。到這裡為止，算是比較容易懂也可以接受的。可是細節部分我還沒辦法認同。例如這個「共同體」擴大到全宇宙，連過去和未來、生物到無生物都包含在內，這是什麼意思？

哲學家　阿德勒所說的「共同體」概念，如果依字面上來想像實際的宇宙或無生物，或許會變得難以理解。目前你只要**把共同體的範圍當成「無限大」就行了**。

年輕人　無限大？

哲學家　舉例來說，有人一退休就變得無精打采。因為無法接受從公司這個共同體脫離、失去頭銜和名片、變成一個普通又沒有名氣的「一般人」，於是一口氣老了好幾歲。

然而，這只不過是從公司這種小型共同體脫離而已，很多人其實都還隸屬於其他共同體；再怎麼說，我們都還屬於地球，還有宇宙這個共同體。

年輕人　這種說法不過是詭辯吧！突然說：「你屬於這個宇宙。」到底能帶來什麼樣的歸屬感？

哲學家　一下子要你想像這個宇宙，確實是有困難。但是希望你能不被眼前的共同體所束縛，期勉自己也屬於其他的共同體、更大的共同體，例如國家、地區或社會等等，並有所貢獻。

年輕人　那如果是這種狀況呢？比方說一名男子，他沒結婚、沒工作、沒朋友，也迴避人際關係，只靠父母的遺產過日子。難道連這種人都可以說他隸屬於什麼共同體嗎？

哲學家　那當然。假如他買了一塊麵包。做為對價，他付了一枚硬幣。這時候，這枚硬幣不只是付給麵包師傅而已，其實也支付給各式各樣的人，像是：小麥和奶油的生產者、負責運送的物流業者、販賣石油的業者，甚至是產油國的人們……等。人類絕對無法、也不可能脫離共同體，變成獨自一人。

年輕人　您這是叫我連買個麵包都要讓想像力無限擴張、胡思亂想嗎？

哲學家　不是胡思亂想，這是事實。阿德勒所說的共同體，並不只限於家庭或社會這種看得見的部分，還包含了其他看不見的關連。

年輕人　老師，請原諒我不客氣地說一句，您這是拿抽象論來逃避問題。現在問題是在「可以安身」的歸屬感。以歸屬感來說，當然是能親眼看見的共同體讓人感受最強烈。這一點您也同意吧？

譬如拿「公司」和「地球」這兩個共同體來比較，「我是這家公司的一分子」的歸屬感應該比較強。如果依老師的說法，這兩者在人際關係上的距離和深度是完全不一樣的。當我們在追求歸屬感的時候，理所當然應該著眼在較小的共同體上吧。

哲學家　你說到重點了。我們就來想想：為什麼應該要注意更多更大的共同體？

我再說一次，我們屬於很多共同體，屬於家庭、學校、公司、地區社會、國家等等。到這裡為止，你是同意的吧。

年輕人　我同意。

哲學家　那麼，假設你是一個學生，「學校」對你來說是一個無可取代的共同體；也就是說，你認為學校是所有的一切，因為有學校的存在，「我才得以是我」，除此之外，不會有其他的「我」。

可是你在這個共同體中遇到了一些麻煩，像是霸凌、交不到朋友、功課跟不上，或者根本一開始就不適應學校生活。所以是不是有可能沒辦法在學校這個共同體中得到「可以安身」的歸屬感？

年輕人 嗯，是呀。是很有可能。

哲學家 這時候，一想到學校就是你所有的一切，而且再也沒有其他地方能讓你有歸屬感，於是你逃到比較小的共同體——像是家庭，然後把自己封閉起來，或是偶而失控、導致家暴等等，想藉由這樣的方式來獲得歸屬感。

在這裡，我希望你留意的是「還有更多其他的共同體」，尤其是「有更大的共同體」存在。

年輕人 什麼意思？

哲學家 除了學校之外，還有更大更寬廣的世界，而我們都是這個世界的一分子。如果在學校沒有立足之地，只要往學校以外的其他地方找就可以。轉學也好，甚至退學也無所謂。區區一張退學通知就能切斷關係的共同體，你和它之間的關連其實也不過如此而已。

一旦知道世界有多大，就會了解自己在學校所受過的痛苦根本是「咖啡杯裡的風暴」。只要離開杯子，連狂風暴雨都會變成微風。

年輕人　如果是把自己封閉起來，不能離開杯子呢？

哲學家　把自己關在房裡、停留在杯子裡，就像躲在小小的防空洞裡避難一樣。即使躲得了一時的風雨，暴風也不會停止。

年輕人　唉，以理論上來說是那樣沒錯啦。可是要跳脫到外面是很困難的。就連退學這樣的決定，也不是隨隨便便就做得出來的。

哲學家　嗯，的確不容易。但請你記住一個行動原則，就是：當我們在人際關係中遭遇困難、找不到出口的時候，首先要「傾聽更大的共同體之聲」。

年輕人　更大的共同體之聲？

哲學家　如果是學校的話，就試著不要以學校這個共同體的常識來評斷事物，要追隨更大的共同體。

假設在你的學校裡，老師表現得就像是一個絕對的權力者好了。但是他這樣的權力或權威也只適用於學校這個小共同體，不會無限擴張。如果以「人類社會」這個共同體來考量，你和老師都是對等的「人類」。當對方提出不合理的要求時，就算當面與他唱反調也沒有關係。

年輕人　可是要當面和老師唱反調應該很難吧？

哲學家　不會。這也可以說是「我和你」的關係，如果彼此的關係只因為你唱了反調就崩壞的話，這種關係根本打從一開始就不必建立，就算主動拋棄也無所謂。**在害怕關係崩壞的恐懼下過日子，其實只是為別人而活，是不自由的生活方式。**

年輕人　您是說，擁有社會意識的同時，也要選擇自由嗎？

哲學家　當然。不必堅守眼前的小共同體。一定還有其他的「我和你」、其他的「大家」等更大的共同體存在。

不能責罵，也不能稱讚

年輕人　好吧。就算是這樣吧。可是老師您注意到了嗎？您並沒有說到真正的關鍵。就是由「課題的分離」往「社會意識」前進的路徑與道理。

一開始，先分離課題，我的課題到此為止，再往前就是別人的課題。劃清界線，我不介入別人的課題，也不讓人介入。但是要怎麼從「課題的分離」去構築人際關係，而且在最後到達「可以安身」的這種社會意識呢？對於愛、工作還有交友這些人生任務，以阿德勒心理學來說，是怎麼面對的呢？您始終沒有提出一個具體的論點，只不過用了一些抽象的字眼製造出一團煙霧，不是嗎？

哲學家　是的，這是很重要的地方。課題的分離要怎麼和良好的關係銜接？也就是該怎麼做，才能導入一種相互協調、合作的關係？在這裡，要提出的是「橫向關係」的概念。

年輕人　橫向關係？

哲學家　為了容易理解，我們拿親子關係來說明。在教養孩子或培養下屬的時候，一般會有兩種訓練方式。一種是責備，一種是稱讚。

年輕人　啊～這是常常有人討論的問題。

哲學家　你認為在責備和稱讚之間，應該選擇哪一個？

年輕人　那當然應該是稱讚囉。

哲學家　為什麼？

年輕人 只要想想訓練動物的方法就知道了呀。要教動物學一些技巧的時候，可以揮鞭子讓牠服從，這是典型的「責備式訓練」。另一方面，也可以一手拿著飼料零食或口頭上鼓勵，讓牠學會那些技巧，這就是「稱讚式訓練」。

這兩種方法也許都達到了「學會技巧」的結果。但是「因為被責備才做」和「為了得到稱讚才做」這兩者所導致的動機完全不同。後者加入了喜悅的成分，而責罵卻只會讓對方退縮。所以稱讚式的訓練才會廣泛被採用，這是理所當然的結論吧。

哲學家 原來是這樣，拿訓練動物來說，這倒是挺有趣的觀點呢。讓我說明一下阿德勒心理學的立場吧。在阿德勒心理學中，關於以教養孩子為首的這些與他人溝通的種種，全都是採取「不可以稱讚」的立場。

年輕人 不可以稱讚？

哲學家 當然，體罰這種荒謬的事就不用說了，就連責備也不認同。**不可以稱讚，也不可以責備**。這就是阿德勒心理學的立場。

年輕人 到底為什麼？

哲學家 請你想一想「稱讚」這種行為的實質意義。譬如說，對於你所提出的意見，我稱讚你「做得很好」。這句話會不會讓你覺得有點怪怪的？

年輕人 欸，的確會有點不太愉快的感覺。

哲學家 為什麼感到不愉快，可以說明一下嗎？

年輕人 這句「做得很好」的話裡，有一種像是上對下的口氣，讓人覺得不愉快。

哲學家 沒錯。稱讚這種行為含有另一層意義，就是「有能力者給無能力者的評價」。有些母親會稱讚幫忙準備晚餐的孩子：「會幫忙做事，很了不起喔。」可是當老公做相同的事情時，應該就不會對他說：「會幫忙做事，很了不起喔。」

年輕人 哈哈，的確是。

哲學家 也就是，當媽媽稱讚說「很了不起喔」「做得很好嘛」或是「挺厲害的呀」的時候，就已經在不知不覺中製造了一種上對下的關係，把孩子的地位看得比自己要低。剛才你所說的訓練動物，正是在「稱讚」的背後帶有上下關係，是縱向關係的象徵。當我們在稱讚別人的時候，目的在於「操控能力比自己還差的對象」，其中並沒有感謝或尊敬的意思。

年輕人 為了操控而稱讚？

哲學家 對。我們稱讚或責備對方，不過就是「要給糖，還是抽鞭子」的差異而已，**背後的目的都是操控**。阿德勒心理學之所以強烈否定賞罰教育，正因為那是來操控孩子的做法。

年輕人 欸，不對，不是這樣。請您也站在孩子的立場想想看。對孩子來說，可以得到父母的稱讚是非常開心的事吧？正因為想得到稱讚，所以用功讀書；想得到稱讚，所以很有禮貌。事實上，我小時候不知道有多想得到父母親的稱讚啊！長大之後也一樣。得到上司稱讚，任何人都會很高興。這是不需要什麼理由，一種出自本能的情感需求！

哲學家 希望得到某人的稱讚，或是稱讚別人，這就是在人與人之間採取「縱向關係」的證據。以你來說，也是因為活在縱向關係之中，所以想要得到稱讚。**阿德勒心理學否定一切的「縱向關係」，提倡所有的人際關係都應該是「橫向關係」**。就某種意義上來說，這也可以說是阿德勒心理學的基本原理。

年輕人 就是「雖然不同，卻是平等的」這句話所表達的意思嗎？

哲學家 嗯，平等是橫向的。例如有些男人會大聲嚷嚷，說全職的家庭主婦「明明一毛錢也沒賺」或是「妳以為託誰的福才有口飯吃」之類的；甚至還會聽到「已經讓妳有錢花了，還有什麼不滿嗎？」這種話。這是多讓人難堪的說法。在經濟上是否占優勢，跟身而為人的價值是毫不相關的。公司職員和家庭主婦也只不過在是工作的場所和職務上有所不同罷了，正是所謂「雖然不同，卻是平等的」。

年輕人　沒有錯。

哲學家　或許是害怕女人變得比他們更聰明、更會賺錢，甚至給他們提出更了不起的意見吧。這些男人除了以「縱向關係」看待女性之外，也代表他們害怕被女人瞧不起；換句話說，就是隱藏著強烈的自卑感。

年輕人　這麼說來，為了向人展現自己的能力，會進入優越情結的狀態囉？

哲學家　的確會變成那樣。其實所謂的「自卑感」，就是從縱向關係所產生的意識。如果可以用「雖然不同，卻是平等」的方式對待所有人，構築橫向關係的話，自卑情結就沒有立足之地了。

年輕人　嗯，確實是。好像連我在稱讚別人的時候，都難免會有「操控」的意識在；說出一堆恭維奉承的話，期待要討上司歡心，也都算是操控吧。換句話說，我自己也是在人家的稱讚奉承下被操控的。呵呵，我們的水準也不過就這樣而已！

哲學家　無法由縱向關係中抽離的話，應該就會變成這樣。

年輕人　有意思，請您繼續說下去！

「鼓勵」的方式

哲學家　你記得前面在說明課題分離的時候，提過「介入」吧？就是一腳踩進他人課題中的行為。

那麼，人到底為什麼會介入呢？其實這背後也有著縱向關係。**因為以縱向方式來看待人際關係，認為對方比自己要低一等，所以就介入了**。藉由介入，將對方導往自己想要的方向。認定對方是錯的，自己才是對的。

當然，這裡的「介入」完全就是操控；命令孩子「用功讀書」的父母，就是最典型的例子。他本人或許認為這是出自善意的一種舉動，可是最後卻一腳踩了進去，打算依照自己心中所想的方向去操控。

年輕人 如果能建立橫向關係的話，就不會產生介入嗎？

哲學家 不會。

年輕人 讀書的例子我們先不說，如果眼前有一個人正在受苦，我們不可能完全不管他吧？難道連「出手相助」也要說成「介入」，什麼都不做嗎？

哲學家 當然不能棄之不顧，必須提供非介入式的「援助」。

年輕人 您說「介入」和「援助」，有哪裡不一樣？

哲學家 請你回想一下關於課題分離的討論內容。小孩用功讀書，這是他自己應該要解決的課題，不是父母或老師可以代替他去做的。所以「介入」就是踩進了別人的課題中，指示對方要「用功讀書」或「去考那所大學」等等。

另一方面，所謂的「援助」是在課題分離和橫向關係的大前提下，了解到「讀書這件事是孩子的課題」，並且想想自己可以做些什麼。具體來說，不是以下達命令的方式要他讀書，而是讓他有自信「可以把書讀好」，推動他靠自己的力量去面對課題。

年輕人 這樣的推動不算是強迫嗎？

哲學家 不是強迫。這只不過是在課題分離後，支援他靠自己的力量去解決。類似「我們可以將馬兒牽到水邊，卻不能強迫牠喝水」一樣。要面對課題的是他本人，要下定決心的也是他本人。

年輕人　不是稱讚，也不是責備？

哲學家　對，不是稱讚也不是責備。這種**基於橫向關係的援助方式，在阿德勒心理學中稱為「鼓勵」**。

年輕人　鼓勵？……喔，您之前曾經說過以後要說明的部分。

哲學家　人在面臨課題的時候猶豫不前，並不是因為他沒有能力。阿德勒心理學認為，問題不在於能力的有無，純粹是「缺乏面對課題的勇氣」。如果是這樣的話，就要找回失去的勇氣。

年輕人　唉，繞了這麼一大圈！結果還不是要稱讚他嗎？人在得到稱讚的時候，會覺得自己確實有能力，也會找回勇氣。您就不要再堅持己見了，大方承認稱讚的必要性吧！

哲學家　我不承認。

年輕人　為什麼？

哲學家　答案再清楚不過了。**人會因為得到稱讚而形成「自己沒有能力」的**

信念。

年輕人　您說什麼?!

哲學家　要我再說一次嗎？人越是被稱讚，越會形成一種「自己沒有能力」的信念。請你牢牢記住了。

年輕人　去哪裡找這種笨蛋?!應該完全相反吧！正因為被稱讚，才會感覺自己有能力。這不是很正常的嗎？

哲學家　不對喔。如果你得到稱讚會覺得開心的話，就等於遵從縱向關係，承認「自己沒有能力」。因為稱讚這件事是「有能力者給無能力者的評價」。

年輕人　可是……可是，這實在太難接受了！

哲學家　當獲得別人稱讚成為你的目的時，最終你所選擇的生活方式就是迎合別人的價值觀。你目前為止的人生，不是一直都在迎合父母的期待，而且已經讓你覺得厭煩得不得了了嗎？

年輕人　……我、我，其實……

哲學家　所以首先就是要做到課題的分離，然後接納彼此的差異、建立對等的橫向關係。「鼓勵」就是下一個步驟。

為了讓自己感覺有價值

年輕人　那麼，應該怎麼做比較好？既不是稱讚，也不是責備，難道還有其他說法或選項嗎？

哲學家　如果對象不是孩子，而是關係對等的夥伴，幫你做了一些事，答案應該就呼之欲出了吧。舉例來說，如果他幫忙你清掃房間的話，你會對他說什麼？

年輕人　嗯，應該會說「謝謝」吧。

哲學家　對，我們會對幫忙做事的夥伴說聲「謝謝」，或者用「真高興」來坦率表達喜悅的心情，或說「多虧有你幫忙」等等。這就是以橫向關係為基礎的鼓勵方式。

年輕人　就這樣而已？

哲學家　是的。**最重要的是，不「評價」他人**。評價別人的字眼都是來自縱向關係。如果構築在橫向關係，所說的應該是更坦誠的感謝、敬意或喜悅。

年輕人　嗯，也許事實真的像您所說的那樣，評價都是來自縱向關係。可是……可是，單單一句「謝謝」，真的有那麼大的力量，可以讓人找回勇氣嗎？我倒覺得，就算稱讚是來自縱向關係，還比較容易讓人開心咧。

哲學家　獲得稱讚，是由別人那裡得到「好的」評價，所以是用別人的標準決定該行為的「好」或「壞」。如果想獲得稱讚，就必須合乎他人的尺度、局限自己的自由度。另一方面，「謝謝」並不是評價，只是單純表達感謝的詞彙。**人在聽到感謝的話時，就明白自己是對他人有貢獻的。**

年輕人　即使得到「好的」評價，也不會覺得有貢獻嗎？

哲學家　沒錯。這和我們之後要討論的內容也有關連，阿德勒心理學對「貢獻」這件事非常看重。

年輕人　什麼意思？

哲學家　例如：要怎麼做，人才會有「勇氣」？以阿德勒的見解來說，「人，**只有在覺得自己有價值的時候，才會有勇氣。**」

年輕人　覺得自己有價值的時候？

哲學家　我們談到自卑感的時候，曾說過這是主觀的價值問題吧？也就是覺得自己「有價值」或「沒有價值」。如果覺得「自己有價值」，應該就能坦然接受自我、擁有面對人生任務的勇氣。所以問題是：「到底要怎麼做，才能覺得自己是有價值的？」

年輕人　沒錯，就是這樣！這裡不說清楚的話，根本不知道該怎麼辦！

哲學家　非常簡單。**當一個人覺得我對共同體來說是有益的時候，就能感受到自己的價值**。這就是阿德勒心理學的答案。

年輕人　我對共同體來說是有益的？

哲學家　可以對共同體，也就是對別人有所助益，覺得「我對某人是有用處的」。**不是從別人那裡獲得「好的」評價，而是自己主觀認知「我對別人有貢獻」**。由此，我們才能實際感受自己的價值。目前為止我們所討論的「社會意識」或「鼓勵」也都和這個有關連。

年輕人　嗯……唉，我開始有點混亂了。

哲學家　我們的討論越來越逼近核心了，請你好好地跟上。對別人表示關心、建立橫向關係、用鼓勵的方式，這些全都和「我對某人是有用處的」這種實質感受相關。不斷重複後，最後和你生存的勇氣相連在一起。

年輕人　因為對某人有用處，所以我有存活的價值……嗎？

哲學家　……我們稍微休息一下吧。要不要來杯咖啡？

年輕人　好的，謝謝。

社會意識的討論，讓他陷入越來越深的混亂。不可以稱讚，也不可以責備。對他人評價的字眼全都來自於「縱向關係」，所以我們必須建立橫向關係。只有當我們覺得自己對某人有用處的時候，才能實際感受到自己的價值……年輕人直覺認為這個論述中似乎有個很大的陷阱。他喝著熱咖啡，腦海裡一閃而過的，是自己的爺爺。

只要存在，就有價值

哲學家　那麼，你理出頭緒了嗎？

年輕人　……雖然只有一點點，但慢慢摸索出來了。不過，老師您都沒發現到嗎？剛才您說了一件很荒唐的事。那是非常危險的謬論，可能否定世界上所有一切事物。

哲學家 喔，怎麼回事？

年輕人 因為對某人有用處，所以感受到自己的價值；換句話說，對他人沒有用處，就沒有價值。您是這麼說的沒錯吧？要是這麼說的話，剛出生沒多久的小嬰兒，還有臥病在床的老人或病人，豈不是連活著的價值都沒有了？

為什麼？我想說一下關於我爺爺的事。我爺爺現在住在養護中心，每天只能躺在床上。因為失智症的關係，認不得自己的孩子和孫子，生活上已經到了必須有人照顧才行的地步。不管我怎麼想破頭，都說不出他到底對誰有用處。老師，您知道嗎？您的說法，根本就是在對我爺爺說：「像你這樣的人，沒有活著的資格！」

哲學家 我完全否定你的說法。

年輕人 為什麼否定？

哲學家 當我在說明關於「鼓勵」的概念時，有些父母會提出反駁：「我家的孩子一天到晚都在做壞事，根本沒有機會對他說『謝謝』或是『多虧有你幫忙』之類的話。」你現在所說的，就是循著跟他們一樣的脈絡思考吧？

年輕人　沒錯。不然換老師說說看您的解釋！

哲學家　你現在是以「行為」的層級在看著別人的行動。也就是以那個人「做了什麼」為著眼點。的確，當你從那樣的觀點來看的時候，可能看到臥病在床的老人只會給身邊的人添麻煩，一點用處也沒有。

但是在這裡，**我們不以「行為」的層級，而是以「存在」的層級來看待別人。**不以別人「做了什麼」來判斷，光憑他本身的存在，就值得讓人表達喜悅和感謝了。

年輕人　對他的存在表示感謝？到底是什麼意思？

哲學家　如果以存在的層級來思考，我們光是「存在於這裡」就已經足以對別人有用處、有價值。這是不容置疑的事實。

年輕人　欸，您要開玩笑也該有個分寸！光是「存在於這裡」就已經足以對他人有用處，這是哪門子的新興宗教啊？

哲學家　舉例來說，你的母親遭遇交通事故，結果重傷昏迷、性命垂危。這個時候，你應該不會去考慮你的母親「做了什麼」，而是覺得只要她還活著、今天還留有一口氣在，就很高興了吧。

年輕人　那、那當然囉！

哲學家　「對存在表達感謝」就是這麼一回事。病危的母親，即使在行為上沒有辦法做什麼，但光是活著這一點，就足以成為你或家人心靈上的支柱，有所用處了。

同樣的狀況，也可以套用在你身上。假設你有了性命之危，好不容易才保住一條命，相信身邊的人也會對「你依然還存在」感到無比開心吧。他們不會要求你必須有什麼直接的行為表現，而只要你沒事、還活得好好的，就覺得很慶幸了；至少，沒有任何理由不這麼去想。所以對於自己，不要以「行為」的層級來考慮，要先以「存在」的層級去接納。

年輕人　您現在說的這是極端狀況，和日常生活不一樣！

哲學家　不，是一樣的。

年輕人　哪裡一樣了？請您多說些日常生活中的例證吧，否則我無法接受！

哲學家　好，我知道了。當我們在看別人的時候，往往會擅自以「自己心中所想像的理想模樣」去塑造對方，然後再用減法給予評價。

例如把自己的孩子和一個「對父母的話言聽計從、讀書和運動都很認真、考進好大學、進入大公司」這樣憑空捏造的模範生做比較，然後開始對自己的孩子產生滿腹牢騷。從理想中的一百分模範生開始不斷扣分，正是不折不扣的「評價」觀點。

換個方式，誠實看待孩子原有的樣貌，不與人比較，對他的存在感到喜悅和感謝；不要由理想中的模範開始扣分，而是從零出發。這麼一來，應該就能對於「存在」有所感受及表示。

年輕人　哼，您說的那是理想論吧。那麼請問老師，難道連那種不去上學、不去工作，鬱悶地窩在家裡的孩子，我們也要對他說謝謝嗎？

哲學家　那當然。譬如說，這個窩在家裡的孩子主動在飯後幫忙洗碗，這時候父母對他說：「這種事不用你來，快去上學。」就是由理想模範開始扣分。這種做法將會不斷磨損孩子的勇氣。

可是，如果可以坦率地對他說聲謝謝的話，孩子或許就會感受到自己的價值，踏出嶄新的一步。

年輕人　欸，您這是偽善嘛，偽善！這些不過是偽善者的胡言亂語！老師您所說的，簡直就像基督教裡的「博愛」。什麼社會意識啦、橫向關係啦、對存在表達感謝之類的，到底有誰做得到啊?!

哲學家　關於社會意識的問題，也曾經有人對阿德勒提出相同的質疑。當時阿德勒是這麼回答的：「必須有人開始去做。就算其他人不配合，也和你沒關係。這就是我的建議。**應該由你開始，完全不必考慮其他人是否提供協助。**」至於我的建議，也完全一樣。

人無法靈活運用「我」

年輕人　……由我開始？

哲學家　對，不必考慮其他人是否配合。

年輕人　那麼再請問，老師您說：「人只要活著，就算是對某人有用處；只要活著，就可以感受到自我的價值。」對嗎？

哲學家　是的。

年輕人　不過真的是這樣嗎？我現在是活著的。不是別人，就是我，現在活生生地就在這裡。可是我卻不覺得自己是有價值的。

哲學家　為什麼覺得沒有價值，可以說說看嗎？

年輕人　就是老師您所說的人際關係吧。從小到現在，我身邊的人，尤其是我父母，全都認定我是不成材的弟弟，瞧不起我、不認同我。老師，您說價值是自己給自己的，可是那不過是紙上談兵罷了。

舉例來說，我平常在圖書館所做的，就是把歸還的圖書分類、上架，只要熟練之後，其實是誰都能做的雜務。就算我不在，可以代班的人還是有一大堆；我不過只是提供單純的勞力。認真說起來，在那個崗位上的不管是我還是其他什麼人，甚至是機器人，都完全沒關係。沒有一個人真正需要我。在那樣的狀態下，您說我還能有自信？還能感受到自己有價值嗎？

哲學家　以阿德勒心理學來看，答案很簡單。首先，就算一個也好，要與他人之間建立橫向關係。就從這裡開始吧。

年輕人　您少瞧不起人了！別看我這個樣子，朋友還是有的！我和他們之間已經有著橫向關係了。

哲學家　話雖如此，但是你和父母、上司，還有一些晚輩或其他人，應該仍然保持著縱向關係吧。

年輕人　那當然，因為我會做區隔。這不是誰都會做的嗎？

哲學家　這是非常重要的關鍵。要建立縱向還是橫向關係，這是屬於生活型態的問題。人類還沒有厲害到可以臨機應變，自由切換自己的生活型態，也就是無法「跟這個人是對等關係」，然後「跟那個人有輩分層級關係」。

年輕人　您是說，要不就是縱向，要不就是橫向關係，只能選一種嗎？

哲學家　是的。**只要你和任何一個人建立了縱向關係，不知不覺間，你所有的人際關係都會採用「縱向」的方式**。

年輕人　連我和朋友都會是縱向關係嗎？

哲學家　沒錯。即使不是上司和下屬這樣的關係，也會像是「A的等級比我高一點，B就比我低一點」「如果是A的意見就順從，但B的話可以不理他」「和C所做的約定，就算毀約也無所謂」這樣的關係。

年輕人　……喔！

哲學家　換句話說，如果至少可以和一個人建立橫向關係，而且是真正對等的關係，那將會是生活型態的大轉變。同時以此為起點，所有人際關係應該也都會變成橫向的。

年輕人　唉呀，我可以舉出一卡車的例子來反駁您這種胡言亂語。您想想工作上的例子吧。譬如在公司裡，老闆和新進員工要建立對等關係，實際上是不可能的吧？我們的社會原本就有上下層級的制度，要刻意忽視它，就像是忽視社會的秩序。一個才不過二十出頭的新進員工，你突然要他用對待朋友的口氣和六十幾歲的老闆應對，這怎麼可能？

哲學家　的確，敬重長輩是很重要沒錯，而且在公司裡，每個人的職責當然也各有不同。我並不是要你和所有人都交朋友、對待大家都像好朋友。不是這樣的。**重要的是，在意識上是對等的，而且該堅持的地方就堅持，坦坦蕩蕩不退縮**。

年輕人　對上司或長輩說些自大狂妄的意見，這種事我是做不到的，也根本沒想過。真要那麼做的話，會被人家懷疑缺乏社會常識。

哲學家　什麼是上司或長輩？什麼又是自大狂妄的意見？察言觀色、屈服在縱向關係之下、逃避自己的責任，是不負責任的行為。

年輕人　哪裡不負責任了？

哲學家 假如你遵從上司的指示，結果卻因此面臨工作上的挫敗。請問這應該是誰的責任？

年輕人 那當然是上司的責任呀。因為我只不過是服從命令，真正做決定的人還是上司。

哲學家 你完全沒有責任？

年輕人 沒有，是發號施令的上司要負責。這就是組織中的命令責任。

哲學家 不對。你這是人生的謊言。你不但有拒絕的餘地，而且應該還可以提出更好的方案。但是你卻只是為了閃避人際關係上的枝枝節節、逃避責任，就認為「無法拒絕」，屈服於縱向關係。

年輕人 不然您要我反抗上司的命令嗎？唉，理論上是這樣啦。照道理來說，完全就像您講的。可是那根本辦不到吧！要建立那樣的關係是完全不可能的！

哲學家 是嗎？你現在就在和我建立橫向關係，正大光明地主張自己的想法。你不要想得太多太複雜，其實從這裡開始就可以了。

年輕人 從這裡開始？

哲學家　是的，就從這個小書房開始。之前也跟你說過了，對我而言，你是一個無可替代的朋友。

年輕人　……

哲學家　不是嗎？

年輕人　……感激，真的太感激了。可是我好怕！我很害怕接受老師您的提議！

哲學家　你在害怕什麼？

年輕人　就是交友的任務呀！我從來沒和老師這樣的長輩當過朋友，不知道年齡差距這麼大是不是還有可能成為朋友？是不是應該保持師徒關係比較好？我真的不知道！

哲學家　愛和交友都與年齡無關。交友的任務中需要一定的勇氣，事實上也是如此。關於你和我的關係，只要慢慢拉近距離就可以了；不必親近到密不可分的地步，差不多就是伸手可以互相觸碰到對方臉部的距離就行。

年輕人　請給我一點時間。再一次、只要再一次就好，給我一點時間自己好好想一想。因為今天討論的內容實在有太多東西需要思考，請讓我回家一個人靜靜地再消化一下。

哲學家　要了解社會意識的確需要一點時間。要當場理解所有內容，畢竟是不可能的。請你回去後，慢慢對照一下我們目前為止討論過的內容吧。

年輕人　好的……不過說真的，您說我並不在意他人，只關心自己，實在給了我很強烈的打擊！老師，您簡直太可怕了！

哲學家　哈哈哈，但你卻可以說得那麼開心。

年輕人　呵，太痛快了。當然，過程是疼痛的，遊走全身的強烈疼痛，再加上好像吞了一根針似地那麼難受。不過還是很過癮，和老師之間的這些討論幾乎已經讓我上了癮。而且我剛剛才發現一件事，或許我不只是想要攻破老師的論點，甚至也希望老師可以拆穿我真正的想法。

哲學家　原來是這樣。很有趣的分析嘛。

年輕人　但是老師，請您別忘了，這並不表示我已經放棄原來要反駁您、讓您屈服的目的！

哲學家　我也要謝謝你陪我度過愉快的時光。等你想清楚了，隨時都歡迎你過來。

第五夜　認真活在「當下」

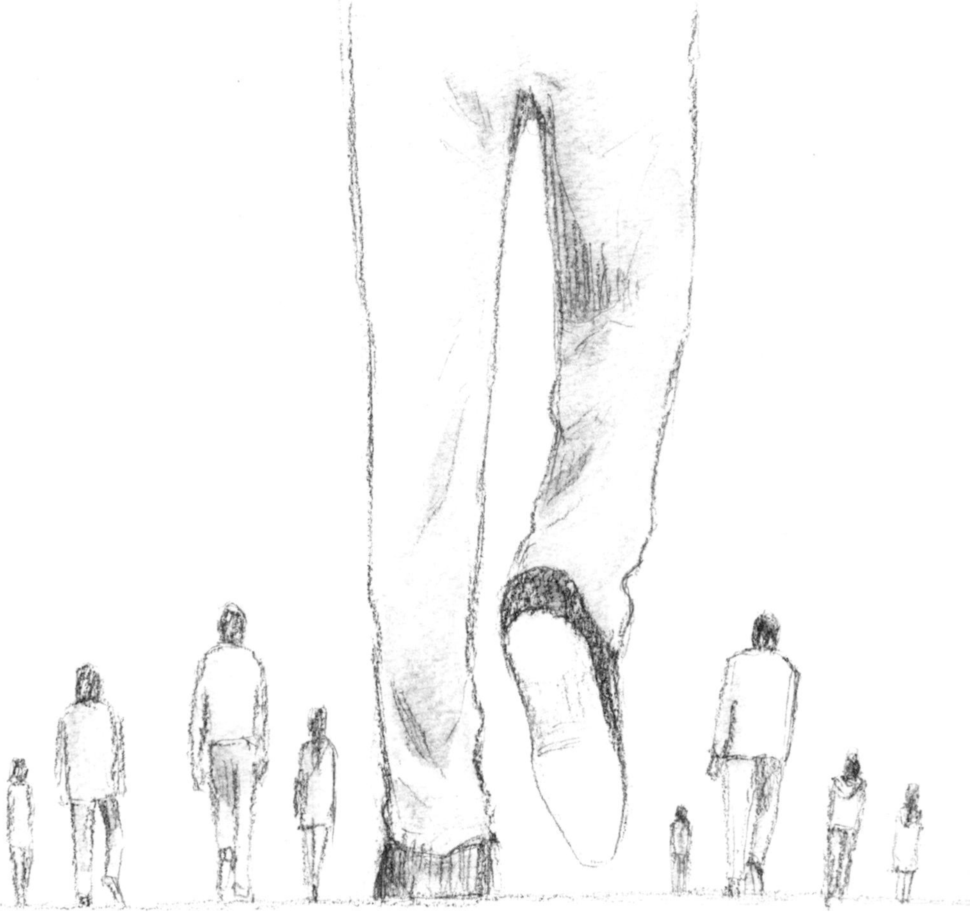

年輕人想過了。阿德勒心理學對人際關係研究得很透徹，人際關係的最終目的就是社會意識。但是，真的只要這樣就行了嗎？他倒覺得，之所以來到這世上，應該是為了完成一些更不一樣的事。人生的意義究竟是什麼？自己到底要去哪裡、打算過著什麼生活？年輕人越想越覺得自己的存在如此渺小。

過多的自我意識，反而牽制自我

哲學家 好一段時間不見了呢。

年輕人 是呀，差不多有一個月吧。從那之後，我一直在思考關於社會意識的問題。

哲學家 結果呢？

年輕人 社會意識的確是一個很有魅力的想法；例如，做為我們基本需求的那種「可以安身」的歸屬感。這些想法直接點明了我們是社會的一分子，我認為是了不起的見解。

哲學家 ……雖然是了不起的見解，但是？

年輕人 呵呵，馬上就被您發現了。沒錯，我認為其中是有問題的。坦白說，不只是宇宙那一部分我完全不懂，甚至連整個內容都充滿了宗教氣息，幾乎要讓人聞到焚香的味道了。

哲學家 當年阿德勒在提倡社會意識的概念時，也面臨很多類似的反駁聲浪。他們說，心理學明明應該是科學的，阿德勒卻要從「價值」的問題開始談起，那樣的東西根本就不算科學。

年輕人 後來，我自己又試著去思考為什麼不懂，心想也許是順序的問題。一下子要談到宇宙、無生物啦，又是過去又是未來什麼的，讓我迷失了方向、看不到重點。

所以我換了一個方式，先確實了解「我」自己，再去想一對一的關係，也就是「我和你」的人際關係。這樣或許就可以看見更大的共同體吧。

哲學家 原來如此，那倒是挺不錯的順序。

年輕人 一開始，我想先問的是「對自己的執著」。老師說要放棄對「我」的執著，轉換成「對他人的關心」。對他人的關心很重要，這的確是事實，我也同意；可是不管怎樣，我們還是會在意自己，心裡只想著自己。

哲學家 你有想過為什麼會在意自己嗎？

年輕人 想過了。如果我是一個容易自我陶醉、很自戀、甚至看自己看到入迷的那種人，或許事情還好辦一點。因為這時候「要對他人多一點關心」就是最適合的建議。可是我並不是一個自戀的人，而是一個討厭自己的現實主義者。就是因為我很討厭自己，才會把焦點放在自己身上。就是因為沒有自信，才會變成自我意識過剩。

哲學家 在哪種情況下，你會覺得自我意識過剩？

年輕人 像是開會的時候，我沒有辦法舉手發言，常常會擔心：「如果問這種問題，說不定會被笑。」或是「如果提出偏離主題的意見，可能會讓人瞧不起。」而猶豫不決。唉，就連在別人面前隨便開個小玩笑，自己都會覺得彆扭。自我意識老是牽制我，全身上下好像被綁住一樣，無法動彈。那種單純直接的表現方式，在我的意識中是辦不到的。

其實老師的答案我不必問也知道，就是每次所說的「拿出勇氣」吧？不過呢，這種答案對我一點用處也沒有。因為這是拿出勇氣之前的問題。

哲學家　我懂了。上次我跟你提到社會意識的整體概念，今天我們聊些更深入的吧。

年輕人　所以我們的大方向是什麼？

哲學家　很可能會談到「幸福是什麼」這樣的主題。

年輕人　喔！在社會意識的前方就有幸福嗎？

哲學家　不必急著找答案。我們之間需要的是對話。

年輕人　呵呵。好啦。可以開始了吧！

不是肯定自我，而是接納自我

哲學家　首先，你剛才說到，「自我意識老是牽制自己，言行舉止無法單純坦率」，這或許也是大多數人的煩惱吧。那麼，我們就再次回歸原點，想想你的「目的」。你壓抑自己單純坦率的言行舉止，是為了想達成什麼目的？

年輕人　我只是一心一意只想著不要被人嘲笑、不要被當成沒用的傢伙。

哲學家 也就是說，你對單純的自己、毫不修飾的自己沒有自信，是嗎？所以想要逃避自己所涉入的人際關係。如果是一個人在房裡，相信你一定可以大聲唱歌、隨著音樂起舞，或是精神飽滿地高聲說話吧？

年輕人 嘿嘿，您這個話說得好像在我家裝了監視器似的。不過嘛，是這樣沒錯啦。我自己一個人的時候，行動都比較自在。

哲學家 只要是一個人，誰都可以像個國王一樣無拘無束。總之，這個問題也必須由人際關係的脈絡去思考。因為在大家面前，並非「單純的自己」不見了，只是無法表現出來而已。

年輕人 那該怎麼辦才好？

哲學家 歸根究底，還是社會意識。具體來說，就是要把對自己的執著切換成對他人的關心，擁有社會意識。其中需要的是**「接納自我」「信任他人」還有「貢獻他人」這三項**。

年輕人 咦～是新的用詞。是什麼意思？

哲學家 先從「接納自我」開始說明吧。第一個晚上，我跟你提到過阿德勒所說的「關鍵不在於你經歷了什麼，而是你如何運用它」這段話，還記得嗎？

年輕人　當然。

哲學家　我們既無法丟棄「我」這個容器，也無法更換，重要的是「該如何運用它」。所以就要改變對「我」的看法，改變使用的方式。

年輕人　您是說，我們應該變得更積極、加強肯定自我、無論什麼事都正面思考嗎？

哲學家　沒有必要變得特別積極或加強肯定自我；不是要肯定自我，而是要接納自我。

年輕人　不是肯定自我，是接納自我？

哲學家　對，這兩者之間有很明顯的差異。所謂的肯定自我，是明明做不到，卻要暗示自己「我可以」「我很強」。這種想法也會連接到優越情結上，算是欺騙自己的一種生活方式。

另一方面，「接納自我」是在自己無能為力的情況下，坦然接受那個「辦不到的自己」，而且盡最大努力朝目標前進，不欺騙自己。

說得更簡單一點，對拿到六十分的自己說：「這次只不過是運氣太差了，我其實有一百分的實力。」這就是肯定自我。相對的，坦然接受只拿六十分的自己，並思考：「要怎麼做才能離一百分越來越近？」則是接納自我。

年輕人　就算只有六十分，也不必悲觀的意思嗎？

哲學家　那當然。沒有一個人是完美無缺的。我們在說明「追求卓越」時曾經提過吧？無論是誰都處於「想要奮發向上的狀態」中。反過來說，沒有人是百分之百完美的，我們要積極正面去看待這部分。

年輕人　嗯～這段話聽起來好像很正面，可是似乎又有那麼一點消極的感覺耶。

哲學家　關於這一點，我是以「**積極正面的斷念**」來解釋。

年輕人　積極正面的斷念？

哲學家　課題的分離也一樣，就是要**分辨「可以改變的」和「不能改變的」**。關於我們「經歷了什麼」，是無法改變的，但是「如何運用它」卻可以憑自己的力量去決定。既然如此，就不要聚焦在無法改變的事，只關注在可以改變的事。我所說的「接納自我」就是這麼一回事。

年輕人　……可以改變的，還有不能改變的。

哲學家　對。接受無法改變的事實，接納原本的「這個我」，而且對於可以改變的事物，抱持改變的「勇氣」。這就是接納自我。

年輕人　嗯，這麼說來，以前有一位作家馮內果在小說《第五號屠宰場》中曾引用過類似的一段話：「**主啊，求祢賜給我平靜的心，去接納無法改變的事物；賜給我勇氣，去改變可以改變的東西；並請賜給我智慧，去分辨這兩者的差異。**」

哲學家　是，我知道。這是基督教裡流傳已久的一段名禱文，神學家尼布爾的〈寧靜禱文〉。

年輕人　這段話也提到了「勇氣」。其實我已經熟到幾乎會背了，可是現在才注意到。

哲學家　是的。我們並非能力不足，只是缺乏「勇氣」而已。所有問題的關鍵就在「勇氣」。

信用和信任有什麼不同？

年輕人　可是您說的「積極正面的斷念」，卻有一種悲觀的感覺。我們花了那麼多時間不斷討論到現在，結果卻出現「斷念」這種字眼，也未免太淒涼了吧。

哲學家　是嗎？事實上，「斷念」這個詞，其實隱含了「辨明真相後的達觀」的意思。確實明辨事物真理並有所定見，就能有所取捨，應該不算悲觀吧。

年輕人　明辨真理、有所定見……

哲學家　當然，並不是做到積極正面的斷念和接納自我，就可以得到社會意識。要將「對自己的執著」切換成「對他人的關心」，絕不可或缺的是第二個關鍵字：「信任他人」。

年輕人　信任他人。就是相信別人的意思吧？

哲學家　我們要把這裡所說的「相信」，分成信用和信任來思考。首先，所謂的「信用」是有附帶條件的，也就是英文裡的「credit」。例如：當你想向銀行借錢的時候，必須提出一些東西做擔保，而銀行則針對擔保品的價值估算借貸的金額，決定要借你多少。所以，「如果你還得起的話，就借你」或「只借你可能還得起的金額」。這種態度，並不是信任，而是信用。

年輕人 唉，銀行融資都是這樣。

哲學家 相對來說，阿德勒心理學認為，人際關係的基礎並不是建立在「信用」，而是「信任」之上。

年輕人 這裡所說的「信任」是？

哲學家 **相信別人的時候不附加任何條件**。即使沒有充分的客觀事實足以證明，也選擇相信；完全不考慮擔保的問題，無條件相信，這就是信任。

年輕人 無條件相信？難道又是老師您最擅長的「博愛」嗎？

哲學家 雖然不附加任何條件相信別人，有可能遭到背叛，就像借貸關係中的保證人，有時候也會蒙受損失，但儘管如此，依然保持相信的態度，就稱為信任。

年輕人 那種人，根本是弱智的濫好人嘛！老師您也許是站在人性本善的立場，但我可是人性本惡論者。無條件相信不相干的人，不過就是被利用罷了。

哲學家 或許有可能被欺騙、被利用沒錯。不過換個立場，你站在背棄別人的那一方想想看，如果有個人在你背叛他之後，依然選擇無條件相信你，不論遭受什麼對待，都還是信任你。對於這種人，你能夠一而再、再而三的欺騙他嗎？

年輕人　……欸。這個嘛，可是……

哲學家　一定很難吧？

年輕人　這什麼嘛。您最後打算用溫情攻勢嗎？要我把自己當成聖人那樣相信對方，用這種方式讓他良心發現？阿德勒口口聲聲說不論及道德，結果還不是又回到道德問題！

哲學家　錯了。信任的反面，是什麼？

年輕人　信任的相反詞嗎？呃，是……

哲學家　是「懷疑」。假設你把「懷疑」加入人際關係的基礎中好了。你懷疑別人、懷疑朋友，甚至連家人或情人都懷疑。

那到底會由此衍生出什麼樣的關係呢？當你帶著懷疑的目光時，對方瞬間就會知道，直覺會告訴他：「這個人不信任我。」在這種情況下，你認為彼此還能建立什麼正面的關係嗎？事實上，我們必須無條件地信任，才能建立深厚的關係。

年輕人　……嗯。

哲學家 阿德勒心理學的想法很簡單。你現在心中所想的是：「再怎麼樣無條件信任他人，最後不過是遭受背叛而已。」可是，決定要不要背叛的並不是你，那是他人的課題。**你只需要考慮自己要怎麼做就行了**。如果想著「對方若不背叛我，我就給予同等的回報」那就完全是有擔保或有條件下的信用關係。

年輕人 您是說，這裡也要課題分離？

哲學家 是的，如同我一再說明的，能做到課題分離的話，人生就會回復到令人驚訝的單純樣貌。只是說歸說，要了解課題分離的原理原則並不難，實踐它卻很困難。這一點我承認。

年輕人 意思是要我們信任所有人，不論如何被欺騙，也要繼續相信，當一個愚蠢的濫好人就對了，是嗎？這種說法，既不是哲學也不是心理學，根本就是宗教人士在傳道嘛！

哲學家 關於這一點，我是斷然否定的。阿德勒心理學並不是基於道德上的價值觀，才提倡「無條件信任他人」。所謂的「無條件信任」，不過是為了改善人際關係、建立橫向關係的「手段」而已。

如果你不想和對方保有良好關係的話，拿剪刀一刀剪斷也無妨。因為要不要剪斷這層關係，是你的課題。

年輕人　好，假設我想跟朋友保持良好關係，選擇無條件信任他。我為他四處奔波，他需要錢，我就給錢，還付出我所有的時間和努力。結果他還是背叛了我。您覺得如何呢？如果被一個自己無條件信任的人狠狠地在背後捅一刀，我的生活型態豈不是要變成「以他人為敵」的狀況了嗎？

哲學家　看來，你還是不了解信任的目的在哪裡。舉例來說，你對正在交往的對象起了疑心，覺得「她說不定劈了腿」。所以你積極地想尋找對方偷吃的證據，你認為結果會變成如何？

年輕人　喔，這要看狀況吧。

哲學家　不，不論是哪種狀況，你都會找到一大堆她劈腿的證據。

年輕人　啊？為什麼？

哲學家　對方無心的舉動、和某人在電話中對談的語氣、你連絡不上她的時間等等。只要你帶著懷疑的眼光，所有的一切看起來都會是劈腿的證據，即使事實並非如此也一樣。

年輕人　……嗯～

哲學家　你現在不斷擔心「遭到背叛」，只注意受傷時的痛苦。但是，**只要你害怕信任，終將無法和任何人建立深厚的關係**。

年輕人　唉，您要說的意思我都懂，建立深厚關係的大目標我也知道。可是害怕遭人背叛的這個事實還是存在呀！

哲學家　如果是膚淺的泛泛之交，關係破裂時的痛苦就比較小；相對的，這種關係在日常生活中所帶來的喜悅應該也比較少。能夠藉著「信任他人」擁有踏入深厚關係的勇氣，你在人際關係上所獲得的喜悅，還有人生中的快樂也會增加許多。

年輕人　不是的！老師您又錯開我的話題了。我要跨越遭受背叛的恐懼時所需要的勇氣，究竟要從哪裡來？

哲學家　接納自我。坦然接受原來的自己，只要可以分辨「自己做得到的」和「自己做不到的」，就能了解到背叛這件事是他人的課題，要信任他人應該也會變得不那麼困難了吧。

年輕人　您的意思是，會不會背叛是他人的課題，不是我們可以左右的，是嗎？還有，積極正面的斷念？老師，您的論點總是把感情排除在外！這樣的話，遭背叛時的憤怒或悲傷又該怎麼處理呢？

哲學家 悲傷的時候，就盡情悲傷呀。正因為想要逃避痛苦或悲傷，才會綁手綁腳，沒辦法和任何人建立深厚的關係。

請你想一想，我們可以選擇相信，也可以選擇懷疑。既然我們的目標是要把他人當做夥伴，到底該選擇相信還是懷疑，答案已經很明顯了吧？

工作的本質在於對他人的貢獻

年輕人 我懂了。接下來，假設我已經可以「接納自我」，也可以「信任別人」，那麼我身上會有什麼樣的變化呢？

哲學家 首先，坦然接受這個無法替換的「我」，這就是接納自我。接著，給予他人無條件的信賴，這就是信任別人。

當你可以接納自我，又可以信賴他人的時候，「他人」對你而言會是什麼樣的存在呢？

年輕人　是……夥伴嗎？

哲學家　沒錯。當你能信任別人時，就代表你把他當成夥伴。正因為是夥伴，所以值得信賴。如果不是夥伴，就不可能跨出信任這一步。

接下來，如果別人成為你的夥伴，就表示你在所屬的共同體中有個可以安身的地方，也就是你能獲得一種可以安身的歸屬感。

年輕人　您是說，為了「可以安身」，必須把別人當成夥伴；而為了把別人當成夥伴，就需要接納自我以及信任別人。

哲學家　對，你很快就想通了嘛。如果要再附加說明的話，就是把別人當成敵人的人，既無法接納自我，也無法完全相信別人。

年輕人　好吧。人的確是在追求可以安身的歸屬感；為了這個目的，要接納自我，也要信任他人。關於這部分我沒有異議。

可是，該怎麼說呢？難道只要把別人視為夥伴、信任他人，就真的可以得到歸屬感嗎？

哲學家　當然，社會意識並不是光靠接納自我和信任別人就可以得到的，還需要第三項要件，就是「貢獻他人」。

年輕人　貢獻他人？

哲學家　對夥伴採取一些行為或產生某些影響，期待有所貢獻。這就是「貢獻他人」。

年輕人　您所說的「貢獻」，是指自我犧牲的精神、為身邊的人盡心盡力嗎？

哲學家　貢獻他人並不是自我犧牲。阿德勒反倒認為，那些為別人犧牲自己人生的人，是「過度適應社會」，需要提出一些警告。

接著請你回想一下，只有當我們的存在或行動對共同體有幫助，也就是認為「我對某人是有用處的」的時候，我們才能真正感受到自己的價值。是吧？因此，**所謂的「貢獻他人」並不是捨棄「我」去為某人鞠躬盡瘁，說穿了，是為了實際感受「我」的價值才做的。**

年輕人　貢獻他人是為了自己？

哲學家　嗯。沒有必要犧牲自己。

年輕人　欸、欸，老師您這說法很危險喔！根本是挖個洞給自己跳嘛！為了滿足我自己，才為他人盡力，這完全就是偽善的定義啊！所以我就說嘛，您的論點全都是偽善！您的說法不值得信賴！老師您知道嗎？我寧可相信一個坦誠面對自己欲望的壞人，也不相信一個用謊言堆疊出來的好人！

哲學家 你太早下結論了。你還不懂所謂的「社會意識」是什麼。

年輕人 那就請老師舉一些實際的例子來說明什麼是「貢獻他人」吧。

哲學家 最容易理解的例子，應該就是工作，像是在社會工作或在家做家事。而所謂的勞動，並不是賺錢的手段。我們藉由勞動貢獻他人、參與共同體、實際感受「我對某人有用處」，進而接受自己存在的價值。

年輕人 您說，工作的本質是對他人的貢獻？

哲學家 當然賺錢也是很大的要素。就像之前你曾經提過、杜斯妥也夫斯基所說「被鑄造的自由」那樣。不過你想想，那些擁有大筆資產、一輩子都花不完的富豪，他們之中仍然有很多人還是忙碌地工作著。為什麼要工作呢？難道是因為無止盡的欲望嗎？不，這是為了貢獻他人，同時進一步確認自己「可以安身」的歸屬感。那些在擁有龐大財富後、積極參與慈善活動的富豪們，也都是為了實際感受自己的價值，確認「可以安身」，才會舉辦各式各樣的活動。

年輕人 嗯～也許真是像您說的那樣吧，但是……

哲學家 但是？

接納自我，概括承受無法替換的「這個我」；信任他人，在人際關係的基礎上沒有一絲懷疑，無條件信賴對方。對年輕人來說，這兩個概念還算可以接受，可是關於「貢獻他人」卻聽不太懂。如果說貢獻是「為了他人」的話，那就只是痛苦不堪的自我犧牲；但另一方面，如果說貢獻是「為了自己」的話，那完全就是偽善了。這部分一定要說個明白才行。年輕人用堅決的語氣開始說著。

年輕人要超越成年人

年輕人　就算我同意「工作」有貢獻他人的這個面向好了，不過表面上說對別人有貢獻，實際上卻是為了自己的這種邏輯，不管怎麼想，除了偽善之外，我覺得實在沒有其他說法可以形容。老師，您要怎麼解釋呢?!

哲學家　請你想像一下這樣的畫面。在某個家庭裡，剛吃完晚餐，桌上還留著一些碗盤。孩子們回到自己的房間、丈夫坐在沙發上看電視，太太（我）只好收拾善後；而且大家都認為這是理所當然的，所以也沒有人打算動手幫忙。一般我們都會想：「為什麼不會過來幫忙？」或「為什麼只有我一定要做這些事情？」

其實這時候，就算家人連一句「謝謝」都沒表示，也希望你可以一邊收拾碗盤一邊想著：「我對家人有所貢獻。」**不是想著別人可以為我做什麼，而是我可以為別人做什麼，並付諸實現**。只要有這種奉獻的感覺，眼前的現實將變得完全不同，染上另一種色彩。

事實上，當你焦躁地洗著碗盤的時候，不只自己覺得毫無樂趣可言，家人也不會想靠近。但是換個方式，一邊洗碗、一邊快樂地哼著歌，孩子或許就會靠過來幫忙。至少，會營造出一種讓比較容易靠近幫忙的氣氛。

年輕人　嗯，以這種情況來說，是這樣吧。

哲學家　那麼要如何擁有奉獻的感覺呢？這必須把家人當成「夥伴」才做得到。否則，不管做什麼，都會有「為什麼只有我？」或「大家為什麼都不幫忙？」的想法。

那種把他人當成「敵人」的貢獻，或許可以說是偽善；然而只要對方是「夥伴」，無論什麼樣的貢獻，應該都不會成為偽善。你之所以會執著於「偽善」這個字眼，完全是因為還沒有理解所謂的「社會意識」是什麼。

年輕人　嗯……

哲學家　為了方便起見，所以我依照「接納自我」「信任他人」還有「貢獻他人」的順序來說明。但事實上，這三個概念是缺一不可的環狀構造。可以坦然接受自己，也就是「接納自我」，才能不怕背叛、「信任他人」。接著，因為對別人有貢獻，感受到「我對某人有用處」，於是全盤接受這樣的自己，做到「接納自我」……你之前做的那份筆記還在嗎？

年輕人　啊，您是說那個關於阿德勒心理學所揭示的目標嗎？當然，我可是一直都帶在身上喔。在這裡。

行動面的目標：

一、自立

二、能與社會和諧生活

支援這個行動的心理面目標：

一、我是有能力的

二、人人都是我的夥伴

哲學家　你把這個筆記和剛才所說的內容對照來看，應該可以了解得更深入。

也就是說，第一項的「自立」和「我是有能力的」，是關於接納自我。而第二項的「能與社會和諧生活」以及「人人都是我的夥伴」就是和信任他人、貢獻他人有關連。

年輕人　……原來如此。所以人生的目標就是社會意識。不過要整理這個部分，似乎很花時間呢。

哲學家　恐怕是吧。連阿德勒自己都表示：「要理解人類並不容易。個體心理學恐怕是所有心理學之中最難學以致用的吧。」

年輕人　就是嘛！就算可以接受理論，真正要實行還是很困難的！

哲學家　甚至有人認為，要真正理解阿德勒心理學，並達到改變自己生活方式的目標，至少需要「**現在歲數的一半時間**」才夠。也就是說，如果從四十歲開始學的話，你需要花上二十年的時間，直到六十歲才能達到目標；要是二十歲就開始，學個十年，三十歲就可以完成。

你還年輕，越早開始，就可以越快有所改變。改變後的你，就能走在這世界上其他成年人的前面。為了改變自己，也為了一個嶄新的世界，甚至就某種意義來說為了超越我。即使迷了路、有所動搖也沒關係，只要不仰賴縱向關係、不害怕被討厭、自由自在向前邁進就可以了。當所有的成年人都意識到「年輕人超越我們」的時候，我認為這世界將會有極大的轉變。

年輕人　要我走在老師的前面？

哲學家　沒錯。在同樣的地平面上，而且超越我。

年輕人　呵呵，對一個年紀跟自己小孩差不多的人說這種話，我還真沒遇過像老師您這樣的人！

哲學家　我希望能有更多年輕人知道阿德勒的思想，同時，也希望更多成年人知道。因為無論多大年紀，人都是可以改變的。

工作狂是人生的謊言

年輕人　我懂了。我承認自己的確沒有「勇氣」去接納自我或信任別人。不過責任真的都只在「我」身上嗎？不是吧。那些不講理、無緣無故攻擊我的人應該也有問題吧？

哲學家　的確，這世上並不全都是好人，人際關係中所發生的種種不愉快想必很多。但是必須搞清楚一個事實，不可混淆，那就是無論在哪種情況下，**只有發動攻擊的「那個人」是有問題的，絕對不是「大家」都錯了**。

生活上有某種精神障礙的人，只要一發生什麼事，就會用「大家」「每次」「全都」這些字眼。像是「大家都討厭我」「每次都只有我吃虧」或是「全都錯了」之類的。如果你平常說話也習慣用這些字眼，甚至成了口頭禪，千萬要注意。

年輕人　……嗯，是有幾分道理。

哲學家　阿德勒心理學認為，這是一種**缺乏「人生協調」的生活方式**。只看見事物的一小部分，就拿來當成整體的判斷依據。

年輕人　缺乏人生協調？

哲學家 猶太教的教導中有這麼一段話：「假設有十個人，其中一個人不論發生什麼事都會批評你，他不喜歡你，你也不喜歡他。有兩個人跟你非常合得來，可以成為好朋友。至於剩下的七個人，並不特別屬於哪一邊。」

這時候，你會把焦點放在那個討厭你的人，還是另外兩個非常喜歡你的人？又或者是剩下的七個人？那些缺乏人生協調的人，眼中就只有討厭的人，而且會把這種感受用來評斷「全世界」。

年輕人 嗯～

哲學家 我曾經參加一個口吃人士和其家族舉辦的工作坊。你身邊有誰也有口吃的毛病嗎？

年輕人 喔，我以前念國中的時候，有一個同學說話會口吃。我想，他跟他家人應該都不好受吧。

哲學家 為什麼口吃會讓人不好受？阿德勒心理學認為，為口吃而苦惱的人，其實是因為只關心「自己說話的方式」，所以感覺自卑、活得很痛苦。越是這樣，自我意識就越強烈，就更是說不出話來。

年輕人 只關心「自己說話的方式」嗎？

哲學家　是的。一般來說，就算說話稍微有點結巴，卻很少有人會拿這個當成笑柄來嘲笑或瞧不起你。用我們剛才那段話來比喻的話，也不過就是「十個人當中的一個」罷了。更何況，如果真的有那種愚蠢的人，我們主動和他一刀兩斷也沒關係。只不過，缺乏協調的人會單單專注在那一個人身上，覺得「大家都在笑我」。

年輕人　不過這就是人之常情呀！

哲學家　我有一個定期的讀書會，其中也有人會口吃。他朗讀的時候會結結巴巴的，可是沒有任何人以這個為理由取笑他，而是靜靜地，很自然地等他慢慢往下念。應該不是只有我的讀書會才這樣吧。

人際關係發展得不順利，不是因為口吃也不是因為臉紅恐懼症。真正的關鍵明明在於沒有做到接納自我、信任別人，還有貢獻他人，可是卻**誤把焦點放在無關緊要的一小部分，甚至打算用那種狹隘的觀點來評論全世界**。這是缺乏協調的人生，也是錯誤的生活型態。

年輕人　老師，該不會您對有口吃的人也是這麼嚴厲吧？

哲學家　那當然。一開始雖然也有人採取抗拒的態度，不過在三天的工作坊結束之後，大家就都能接受了。

年輕人　喔～確實是很有意思的討論。不過，我覺得口吃似乎是比較特殊的。還有沒有其他例子可以說明？

哲學家　例如：工作狂。這些人也很明顯是缺乏人生協調。

年輕人　工作狂？為什麼呢？

哲學家　會口吃的人，只憑著事物的一部分就對整體下判斷。而工作狂則是只專注在人生中某個特定的面向。

他們可能會用「工作太忙所以無法兼顧家庭」為自己辯解。這也是人生的謊言。**不過是以工作為藉口，想要迴避其他責任而已**。阿德勒認為，生活原本就該對家事、養育兒女、還有交友和興趣都要付出關心，而不是特別專注在某一部分。

年輕人　啊，我父親就是這種人。完全變成工作狂，一心一意追求工作上的成果，還把自己工作賺錢這件事拿來當成支配家人的理由，是一個想法非常專制的人。

哲學家　就某種意義來說，這是迴避人生任務的生活方式。所謂的「工作」，並不專指在公司上班這件事。家裡的工作、養育兒女，還有對地區社會的貢獻、興趣等等，這所有的一切都算是「工作」。公司什麼的，不過就是其中的一小部分。完全只考慮公司的工作，正是缺乏人生協調的生活方式。

年輕人　對呀，沒錯，就是這樣！而且這些被扶養的家人根本就沒辦法反駁。聽到我父親凶巴巴地說：「你以為你是靠誰才有飯吃的！」也沒辦法頂嘴。

哲學家　這樣的父親**只能藉著「行為的層級」來認定自我的價值**。認為自己花了這麼多時間工作、賺了這麼多錢扶養家人，也得到社會的認同，所以自己在家人之中應該是最有價值的。

但無論是誰，都會有從生產者這個位置退位的一天。例如年紀大了要退休，不得不依靠退休金或孩子的援助過日子；又或者雖然還很年輕，卻因為受傷或生病而無法工作。這時候，只能由「行為的層級」來接納自我的人將會遭受嚴重的打擊。

年輕人　「工作是人生的全部」，就是他們的生活型態嗎？

哲學家　對。是缺乏人生協調的一群人。

年輕人　……這麼說的話，上次老師您提到的那個「存在的層級」，我好像比較懂得它的意思了。的確，我自己也沒有認真想過，如果有一天我不能工作——也就是用「行為的層級」來說，什麼事也都做不了的情形。

哲學家　要以「行為的層級」還是「存在的層級」接納自我，這正是與「變得幸福的勇氣」息息相關的問題。

由這一瞬間開始變得幸福

年輕人　……變得幸福的勇氣。那麼請問一下關於「勇氣」的部分好了。

哲學家　嗯，這部分很重要。

年輕人　老師您說：「所有煩惱都是人際關係上的煩惱。」換個說法，就是我們的幸福也在人際關係之中。可是這一點我還是沒辦法接受。對人類來說，幸福就只是「良好的人際關係」嗎？我們這一輩子就只是為了這麼一點點安樂和喜悅嗎？

哲學家　我非常了解你為什麼會問這個問題。我第一次參加阿德勒心理學的演講時，當時的講師奧斯卡・克里斯汀森（Oscar Christensen，阿德勒的嫡傳弟子）說：「今天在場聽過我這番話的人，**從這個瞬間開始，就能變得幸福**。而沒聽到的，將永遠得不到幸福。」

年輕人　什麼話啊！這不是跟詐騙集團沒兩樣嘛！老師您該不會真的上當了吧？

哲學家　對人類而言的幸福是什麼？這是哲學之中不斷有人在探討的題目。在那之前，我一直認為心理學不過就是哲學的一小部分，所以根本不太在意。身為哲學的門徒，關於「什麼是幸福」，我自己也有一番看法。因此當我聽到他這麼說的時候，坦白說，多少還是有一點反感。

但是在反感的同時，我也注意到了，雖然我自己對於「幸福」的本身確實有過深入的思考，而且一直不斷追求探索到現在，可是關於「自己要怎麼做才能幸福？」卻似乎想得不夠透徹。我想，自己雖然身為哲學的門徒，或許也並非幸福。

年輕人　原來如此。原來老師和阿德勒心理學第一次見面，是從這樣的不協調開始的？

哲學家　是的。

年輕人　那我想請問，老師您最後得到幸福了嗎？

哲學家　當然。

年輕人　為什麼可以這麼肯定？

哲學家　對人類而言，最大的不幸是不喜歡自己。針對這一點，阿德勒有一個很簡單的回答，就是只要認為「我對共同體有幫助」「我對某人有用處」，可以讓自己實際感受到自己的價值就對了。

年輕人　就是之前說明過的「貢獻他人」嗎？

哲學家　是的。而且有一點很重要，這裡所說的**貢獻**，**即使不是親眼可見的貢獻也沒關係**。

年輕人　不是親眼可見的貢獻也沒關係？

哲學家　你的貢獻有沒有用處，並不是由你判斷的，這是別人的課題，並非你可以介入的。從原理上來說，你根本不知道是不是真的做出貢獻。所以當我們要貢獻他人的時候，就算不是親眼可見的，只要擁有一種「我對某人有用處」的主觀感覺，也就是「**貢獻感**」就可以了。

年輕人　請等一下！這麼說的話，老師您所謂的幸福……

哲學家　你也發現到了嗎？「**所謂的幸福，就是貢獻感**」，這就是幸福的定義。

年輕人　不，不過，這……

哲學家　怎麼了嗎？

年輕人　這、這麼單純的定義，怎麼可能！老師，我可沒忘記！您之前不是說過：「就算以行為層級來說毫無用處的人，只要以存在的層級去想，每個人都是有用處的。」照這個邏輯來推論的話，豈不是變成「所有的人都是幸福的」！

哲學家　所有人都可以變得幸福。但是我們也必須知道，並非「所有人都是幸福的」。因為不管是行為的層級，或是存在的層級，都需要那種「我對某人有用處」的感覺，也就是貢獻感。

年輕人　如果依老師的說法，我不幸福，是因為我沒有貢獻感囉？

哲學家　沒錯。

年輕人　那要怎麼做才會有貢獻感?!工作嗎？當義工嗎？

哲學家　之前我們討論過認同的需求。對於我「不應該尋求認同」的主張，你卻表示「認同的需求是一種普遍性的需求」。

年輕人　是呀。老實說，這部分我還沒有辦法完全接受。

哲學家　不過，現在這個「尋求認同」的理由很明顯了吧？人，想喜歡自己、想認為自己有價值，所以想擁有「我對某人有用處」的貢獻感。而獲得貢獻感最常見的手段，就是向他人尋求認同。

年輕人　您說，認同的需求是獲得貢獻感的手段？

哲學家　不是嗎？

年輕人　可是、可是這樣不就前後矛盾了嗎？因為您說，尋求他人的認同是獲得貢獻感的手段；另一方面，您又說「所謂的幸福，就是貢獻感」。這麼一來，滿足認同的需求，不就是直接通往幸福的道路嗎？哈哈，老師您現在終於承認「認同需求」的必要性了吧！

哲學家　你忘了一件重要的事。如果獲得貢獻感的手段是「獲得他人認同」的話，你的人生就必須依照別人的期望走下去。**透過認同需求所獲得的貢獻感，是不自由的**。我們真正要追求的，是自由而幸福的人生。

年輕人　您是說，有了自由才會幸福？

哲學家　是的。制度上的自由雖然會因為國家、年代還有文化而有所不同，但人際關係上的自由卻是普遍性的。

年輕人 所以您無論如何都不承認有「認同需求」這回事囉？

哲學家 真正擁有貢獻感的時候，並不需要別人的認同。因為當你實際感受到「自己對某人有用處」時，就不必刻意尋求他人的認可。會執著於認同需求的人，表示還沒有社會意識，也還沒做到接納自己、信任別人以及貢獻他人這三點。

年輕人 您是說，只要擁有社會意識，認同需求就會消失嗎？

哲學家 沒錯。**完全不需要別人的認同**。

經過歸納整理之後，哲學家的主張就是：人類只有在認為「我對某人有用處」的時候，才能真正感受到自己的價值。但這樣的貢獻並不一定非得是具體可見的，只要主觀上覺得自己有用處，也就是擁有「貢獻感」就可以了。最後，哲學家下了結論。所謂的幸福，指的就是「貢獻感」。這或許也算是真理的某一個面向吧。但是，真的只要這樣就能幸福嗎？我所期盼的幸福，並不是這個樣子！

想成為「特別的存在」的人有兩條路

年輕人　不過，老師您還沒有完全回答我的問題。也許我真的可以透過貢獻他人變得喜歡自己、覺得自己有價值、不是一個沒用的人。

但是我們真的只要這樣就能幸福嗎？我們來到這個世界上，如果不做些可以名留青史的大事業，證明我不是普通的阿貓阿狗的話，應該得不到真正的幸福吧？

老師把所有的一切都局限在人際關係裡，卻閉口不談自我實現的幸福！在我看來，這根本就是逃避！

哲學家　是嗎？我不太明白你所謂「自我實現」的幸福；具體來說是什麼樣的東西？

年輕人　每個人都不一樣吧。有人希望在社會上獲得成功；也有人針對比較個人化的目標，像是研究開發可以醫治絕症的新藥；或是成為藝術家，創作並留下一些很滿意的作品等等。

哲學家　那你呢？

年輕人　我還不是很清楚自己要追求什麼、將來要做些什麼，但是我知道有些事情非做不可；總不能一直待在圖書館裡工作吧。這輩子應該找到自己的夢想、達到自我實現的目標，我也就能感受到真正的幸福了吧。

說真的，像我父親整天不停地工作，我也不知道那是不是他要的幸福。但至少在我眼中，被工作追著跑的他，完全看不出幸福的模樣。我不想像他那樣度過一生。

哲學家　我明白了。關於這部分，我們用「問題兒童」為例子，應該就比較容易懂了。

年輕人　問題兒童？

哲學家　是的。首先，我們人類擁有「追求卓越」這種普遍的需求。記得之前也提到過，對吧？

年輕人　嗯。就是「想要奮發向上」或「追求理想的狀態」，對嗎？

哲學家　大多數的孩子，在一開始都會想要表現得「特別好」。具體來說，像是聽父母的話、在團體中表現良好，不論讀書、運動或才藝都很賣力學習。想藉著這樣的行為得到父母認同。

可是一旦達不到「特別好」的狀況，例如讀書或運動遇到了挫折，就會轉變成為「特別差」。

年輕人　為什麼？

哲學家　不論是特別好還是特別差，它們的目的都是一樣的。**為了得到他人的關注，脫離「普通」的狀態，成為「特別的存在」**。完全就是只為了這個目的。

年輕人　喔，好吧，然後呢？

哲學家　其實不管是讀書還是運動，想得到一定的成果，都需要一番努力。但這些轉變為「特別差」的孩子，也就是我們所謂的「問題兒童」，即使逃避了原本良好健全的努力方式，依然還是想尋求別人的關注。阿德勒心理學稱之為「**簡便的追求卓越**」。

例如有些小孩會在課堂上亂丟橡皮擦，發出噪音妨礙上課。這麼做，的確會引起老師或同學們的注意吧？而且在那個場合上，會成為一個特別的存在。但這樣的表現是一種「簡便的追求卓越」，是不健全的態度。

年輕人　您的意思是，那些誤入歧途的孩子也都是這樣囉？

哲學家　是的。所有的脫序行為，像是翹課、割腕自殺、未成年喝酒抽菸等等，都是「簡便的追求卓越」。你一開始提到的那位把自己關在家裡的朋友恐怕也是。

當孩子有了脫序行為時，父母和身邊的大人會責罵他。責備，只會讓孩子感受到壓力；但就算被罵，孩子還是想要得到父母的關注。不論什麼方式都無所謂，就是想成為「特別的存在」。所以你會發現，不管怎樣責罵孩子，都制止不了他的脫序行為，從這一點來看，這其實是必然的結果。

年輕人　正因為用責罵的方式，所以反而阻止不了他的行為，是嗎？

哲學家　正是如此。因為父母或這些大人，其實是透過責罵的方式給予了關注。

年輕人　喔～可是之前老師有提過，這種行為帶有「對父母報復」的目的，它們之間是有關連的嗎？

哲學家　嗯，「報復」很容易和「簡便的追求卓越」搭上關係。它既可以造成對方的困擾，又可以顯現出自己的「特別」。

甘於平凡的勇氣

年輕人　可是、可是事實上，不可能所有人都能成為「特別好」的那一群，不是嗎？每個人都有自己擅長或不擅長的東西，就算是天才，也不過是少數人，怎麼可能大家都是資優生。照您這樣說，這些失敗者全部都是「特別差」囉。

哲學家　是，這就像蘇格拉底的悖論一樣，「沒有人自願為惡」。對這些行為脫序的孩子們來說，就連暴力或竊盜，都是為了完成他所認定的「善」行。

年輕人　太扯了！這根本就說不通嘛！

哲學家　所以阿德勒心理學中有一個重要的觀點，就是「**甘於平凡的勇氣**」。

年輕人　甘於平凡的……勇氣？

哲學家　為什麼需要變得「特別」？是因為無法接受「平凡的自己」吧？正因為這樣，一旦在想變得「特別好」的過程中遇上了挫折，就會跳入極端的「特別差」。

可是平凡、普通，真的不好嗎？真的就會低人一等嗎？事實上，我們不是都很平凡嗎？這一點，必須徹徹底底想清楚。

年輕人 ……老師您是要我當「平凡」人？

哲學家 這是接納自我的重要關鍵。如果你能擁有「甘於平凡的勇氣」，這世界看起來一定大為不同。

年輕人 雖、雖然是……

哲學家 拒絕接受平凡的你，恐怕是把「平凡」和「無能」畫上了等號吧？平凡並不是沒有能力，而是**我們沒有必要刻意誇耀自己的優越性**。

年輕人 請等一等，我承認想變得「特別」這件事是有危險性的。可是我們有必要刻意去選擇「平凡」嗎？過著平凡的一生，什麼痕跡也沒留下，更不曾留在他人的記憶裡，然後還要求自己必須滿足於這種毫無意義的人生，這簡直就是開玩笑！這樣的人生，我寧可現在就拋棄！

哲學家 不管怎樣，都希望自己是「特別」的嗎？

年輕人 不是這樣！老師您知道嗎？您所說的接受「平凡」，根本就是肯定自甘墮落的態度！「反正我就是這樣啦」「做到這裡就可以了」……像這樣墮落的生活方式我無法接受！

例如拿破崙、亞歷山大大帝、愛因斯坦、馬丁路德、還有老師您最愛的蘇格拉底或柏拉圖，您認為他們都接受「平凡」嗎？不可能吧！他們活著的時候，應該都有過遠大的理想和目標！如果按照老師的理論，我們的世界上連一個拿破崙都不可能出現。您這是在把天才趕盡殺絕！

哲學家 所以你是說，人生必須要有遠大的目標囉？

年輕人 那還用說嗎?!

甘於平凡的勇氣。這是多可怕的一句話。難道阿德勒，還有這個哲學家都要我選擇這條路嗎？要我和其他大多數人一樣，過著平淡無奇的一生？雖然我並不是天才，或許只有選擇「平凡」的命也說不定，只能接受自己的平凡，也過著庸碌的日子。可是我要賭一把。不論結果如何，我都要跟他對戰到底。恐怕現在已經談論到問題的核心了。年輕人的心臟高聲鼓動，儘管是現在這個季節，緊握的手心卻也微微冒出汗來。

人生是一連串的剎那

哲學家 我明白了。你所說的遠大目標，應該是像登山時攻頂的那種意思吧？

年輕人 嗯，對呀。我，還有大家都是以登上巔峰為目標！

哲學家 可是人生如果就像一場登山攻頂的活動，那麼人生將有一大半的時間都是在「半路上」。也就是當你征服那座山之後，「真正的人生」才開始，在那之前的上坡路只不過是「虛假的我」所度過的「虛假的人生」。

年輕人 或許可以這麼說啦，現在的我就是在攀登的路上。

哲學家 好，假如你沒有登上巔峰，那麼你這一生該怎麼解釋？有時候是因為某些事故或生病而到不了山頂；更何況，在登山的過程中，失敗的可能性也很高。這種情況下，人生就在「半路上」，就在「虛假的我」和「虛假的人生」中宣告終結。那麼這一生到底該做何解釋呢？

年輕人 這、這就算自作自受吧！反正這代表我沒有能力、沒有登山的體力、運氣不好、實力不夠，不過就是這樣而已嘛！我已經做好心理準備面對這樣的現實！

哲學家　阿德勒心理學的立場卻不一樣。把人生想像成登山的人，是把自己的人生當成一條線。由出生那一刻開始的這條線，畫出大大小小的各種曲線後，到達頂點，不久便抵達「死亡」這個終點。將人生當成一個故事般如此發展的想法，也和佛洛伊德式的決定論有關係。依這樣的想法，人生有一大半的時間都是在「半路上」。

年輕人　不然您說人生應該是什麼樣子？

哲學家　並不是一條線，請把它想像成一連串的點。

如果我們用放大鏡看看用粉筆畫出來的線條，你會發現那條線其實是一連串的點。看起來像線條的人生是一連串的點，這意味著我們的**人生是一連串的剎那**。

年輕人　一連串的剎那？

哲學家　對。一連串稱為「現在」的剎那。**我們只能生活在「當下」**。我們的人生僅僅存在於剎那之間。

對這些一無所知的大人們，硬是要將「線條」般的人生強加在年輕人身上。

告訴他們順著名校、大企業、安定的家庭這條軌道去走，才是幸福的人生。可是人生之中是不會有線條的。

年輕人 您是說，所謂人生規畫、職涯規畫這些都不需要嗎？

哲學家 如果人生是一條線的話，是有可能規畫沒錯，但是我們的人生就只是一連串的點，**在談論需不需要規畫人生之前，就已經擺明了是不可能的**。

年輕人 欸，太扯了！這種想法真可笑！

舞動的人生

哲學家 有什麼問題嗎？

年輕人 您的論點不只否定了人生規畫，也否定了努力付出這件事！比如說，有人從小就夢想成為小提琴家，經過努力練習，終於進入理想中的樂團，而且表現傑出。又或者努力苦讀，終於通過司法考試，成為律師。像這樣的人生都不是隨隨便便、沒有目標和計畫就可以達成的呀！

哲學家　所以你是說，這些人都是以攻頂為目標，默默地爬上去的？

年輕人　那還用說！

哲學家　真的是這樣嗎？這些人無論處於人生中的任何瞬間，不都是活在「當下」嗎？也就是說，他們的人生並非一直在「路上」，而總是活在「當下」。像是夢想成為小提琴家的人，不總是看著眼前的那首曲子，專注在每一首曲子、每一個小節、每一個音符上嗎？

年輕人　然後就可以達到目標？

哲學家　你要這樣想：**所謂的人生，就像一圈又一圈跳著舞，跳著的每一個瞬間，成為一連串的剎那**。然後當你回過神一看，才會發現：「啊！我已經來到了這裡！」

跳著「小提琴」舞的人之中，有人就這麼成為專業的小提琴家；跳著「司法考試」舞的人之中，也有人就當上了律師；跳著「搖筆桿」舞的人，或許就變成了作家。大家都各自去了不同的地方，沒有人會在「半路上」就結束。**只要跳舞的「當下」是充實的，就已經足夠**。

年輕人　只要跳著現在這一刻就可以？

哲學家 是的。以跳舞來說，舞動身體本身就是一個目的，沒有人會想藉著跳舞到達某一個地方。當然，你跳得如何，會左右你可以到達的地點，而且因為你是持續在跳動，所以也不會留在原地。不過，是**沒有目的地存在的**。

年輕人 沒有目的地的人生？誰受得了？有誰會想要這種漫無目標的人生?!

哲學家 你所說的那種「在半路上無法到達目的地」的人生，算是「變動式的人生」；相對的，我所說的舞動的人生，則可以稱為「**實現式的人生**」。

年輕人 「變動式」和「實現式」？

哲學家 我就引用亞里斯多德的說明吧。一般的運動，會有起點和終點。我們都希望盡可能有效率地完成由起點到終點之間的運動，而且越快到達越好。也就是說，如果可以搭上特快車，就沒有必要刻意去搭每站都停的普通車。

年輕人 您是說，如果目的是要「當上律師」的話，能越快而且越有效率地去達成越好？

哲學家 對。於是在抵達目的地之前的這段路，因為目的還沒達成，所以是不完整的。這就是「變動式的人生」。

年輕人 不上不下的，是嗎？

哲學家　沒錯。另一方面，所謂的「實現式」，表示「目前正在動作的」，也是「動作完成後的結果」。

年輕人　正在動作的，也是動作完成後的結果？

哲學家　換一種說法，就是「既是過程，也可以當成結果」。跳舞如此，旅行也是如此。

年輕人　唉呀，我完全搞混了……為什麼又跑出一個旅行來，怎麼回事？

哲學家　旅行的目的是什麼？舉例來說，你要去埃及旅行。這時候的你，會盡可能有效率地快點到達古夫金字塔，然後以最短距離的方式趕回家嗎？

那樣做並不是旅行。其實從你踏出家門的那一刻起，就已經在「旅行」了，接著，在你抵達目的地之前的每一個瞬間也都是「旅行」。當然，最後就算因為什麼狀況讓你沒能去到金字塔，也不能說你沒去「旅行」。這就是「實現式的人生」。

年輕人　欸，聽不太懂。剛才老師否定了以攻頂為目標的價值觀，是吧？如果用登山來比喻「實現式的人生」，會是怎樣？

哲學家　如果登山的目的就在「攻頂」，那就是「變動式」的行為。說得極端一點，就算搭上直升機直接飛到山頂，停留個五分鐘再飛回來也可以。當然囉，如果始終到不了山頂，這個登山行動就宣告失敗。

可是當目的不在攻頂，而是登山的時候，就可以稱為是「實現式」了，而且最後有沒有到達山頂都無所謂。

年輕人 您這種說法實在太不像話了！老師，您完全陷入了自我矛盾。趁您還沒在大家面前丟臉之前，我先來揭穿您的真面目吧！

哲學家 喔～那可是求之不得。

為「此時、此刻」點上最閃亮的聚光燈吧

年輕人 老師您知道嗎？您否定了決定論，也反對回顧過去。您說，過去是不存在的、沒意義的。我承認，過去確實無法改變，只有未來是可以轉變的。但現在您又用「實現式」這個說法來否定人生規畫，就連依照我們自己的意志改變未來的方式也排除掉了。

您既不同意往後看，也不贊成往前看。這就好像要我們矇上眼睛，走在一個沒有路的地方一樣！

哲學家　你說，看不到前面，也看不到後面嗎？

年輕人　看不到啊！

哲學家　這不是理所當然的嗎？你的問題到底在哪裡？

年輕人　您，您說什麼?!

哲學家　你可以想像一下自己站在劇院的舞臺上。這時候，如果整個會場的燈光都點亮的話，應該連最後方的觀眾席都可以看得一清二楚吧？可是當強烈的聚光燈打在你身上的時候，你恐怕連第一排都看不見。

我們的人生也是一樣。當人生只有微弱光線的時候，過去和未來都可以看得見；不，應該說「感覺看得見」。但是**如果為「此時、此刻」點上閃亮的聚光燈，應該是看不見過去，也看不見未來吧**。

年輕人　閃亮的聚光燈？

哲學家　嗯。我們應該更認真、而且只活在「當下」。如果你覺得好像可以看得到過去，也可以預估未來的話，那就證明你並沒有認真地活在「當下」，而是在微弱朦朧的燈光下。

人生是一連串的剎那，過去和未來都不存在。你想要藉由回顧過去、預見未來，給自己一個免除責任的藉口。事實上，**過去發生了什麼事，和「當下」一點關係也沒有；而未來會如何，也不是「當下」要考慮的問題**。當你認真地活在「此時、此刻」，根本不會想到這些事。

年輕人 可、可是……

哲學家 從佛洛伊德的決定論來看，人生就是一部以因果律為主軸的巨著。什麼時候出生在哪裡、度過了怎樣的童年、由哪間學校畢業、進入什麼樣的公司，造就了現在，還有未來的我。

把人生當成故事來看，的確很有意思。但故事的後續發展，總有那麼一點「彷彿在預料之中」的感覺，而且讓人想就這麼順著故事走下去。因為自己的人生就是這樣，所以只有這條路可走；並不是我不好，而是過去的環境造成的。這樣的過去變成了免死金牌，完全就是人生的謊言。

不過人生是連續的點，是一連串的剎那。只要你懂了，就再也不需要故事了。

年輕人　您要是這麼說的話，阿德勒提出的生活型態不也算是一種故事嗎?!

哲學家　生活型態說的是「當下」，是可以依照自己的意願去改變的。人生中看起來像是直線的過去，因為你一再決定「不要改變」，當然就只能是一條直線。而你的未來，完全就是一張白紙，上面並沒有事先鋪好你該走的軌道，當然也不會有什麼故事存在。

年輕人　不過，您這是只在乎眼前的快樂，根本就是惡質的享樂主義！

哲學家　錯了。將燈光聚焦在「此時、此刻」，是為了認真而謹慎地專注在當下可以做的事。

人生中最大的謊言

年輕人　認真而謹慎？

哲學家　舉例來說，一方面想要考上大學，卻又不用功讀書，這算是沒有認真活在「當下」的態度吧？當然，也許考試是很久以後的事，更不知道到底要讀到什麼程度才能考得上，也許讓你覺得很煩。不過，每天至少做一點，寫寫數學練習題也好，背背單字也罷，總之就是「舞動起來」。這麼一來，你就會有「今天的成就」。今天這一整天，是為了這個而存在，絕不是為了遙遠未來的那一場考試。

又或者以你父親為例，他每天都很認真地在工作吧？這和他是否有什麼遠大的目標，或是否已經有過什麼樣的成就無關，他只是認真地為每一個「當下」努力到現在。如果事實真是如此的話，那你父親的人生應該是幸福的。

年輕人　您要我肯定那樣的生活方式？看著我父親一直被工作追到喘不過氣來的樣子，還要我認同他？

哲學家　不必勉強自己去肯定。我只是讓你知道，不要用直線去衡量自己已經到了哪裡，而是**要看看每一個剎那是如何度過的**。

年輕人　……看剎那？

哲學家　這同樣可以套用在你身上，如果你將目標設定在遙遠的未來，把現在當成醞釀準備期，心裡想：「雖然我真正想做的是這件事，不過暫且等到時機來的時候再做吧。」這是虛耗、拖延自己人生的做法。只要你選擇了這麼做，就哪裡也去不了，覺得每天都像黑白照片。因為「當下」對你來說只不過是準備期，分分秒秒都在忍耐與等待。

年輕人　好吧！我認了！要認真地活在「當下」，還有不要去為人生畫下一條根本不存在的線，這些我都認了，我接受！但是老師！我連夢想和目標都沒找到，也不知道自己該跳什麼舞。對我來說，「當下」根本就是毫無意義的剎那！

哲學家　沒有目標也沒關係。只要認真活在「當下」，它本身就已經是一段舞。沒有必要太過嚴肅；不要把認真和嚴肅搞混了。

年輕人　要認真，但不是嚴肅？

哲學家　是的。無論什麼時候，人生都是很單純的，一點也不沉重。只要認真地活在每一個剎那，沒有必要太過嚴肅。

另外，請你記住，當你站在「實現式」的觀點來看時，**人生一直都是處於終結的狀態**。

年輕人　終結的狀態？

哲學家　無論是你、還是我，就算在「當下」結束了人生，也不能稱之為「不幸」。人生不管是在二十歲還是九十歲面臨結束，它任何時刻都是已經終結的、幸福的一生。

年輕人　您的意思是，如果我認真地活在「當下」的話，每一個剎那都是終結的狀態嗎？

哲學家　沒錯。到目前為止，我不斷提到「人生的謊言」，所以在最後，我要跟你說說人生中最大的謊言是什麼。

年輕人　是什麼？

哲學家　**人生中最大的謊言，就是沒有活在「當下」**。沉溺於過去、不斷張望未來，讓自己所有的人生都映照在微弱的燈光下，還以為自己看見了些什麼。目前為止的你一直無視於「當下」，只顧著摸索那根本不存在的過去和未來。在自己人生中每一個無可取代的剎那，編造了最大的謊言。

年輕人　……啊！

哲學家　來吧！拋開人生的謊言，無所畏懼地為「此時、此刻」點上最閃亮的聚光燈吧。你一定可以辦得到。

年輕人　您、您說我辦得到？您認為我有「勇氣」不依靠人生的謊言，認真活在每一個剎那？

哲學家　因為過去和未來都不存在，所以我要告訴你，關鍵的一刻，**不在昨天，也不在明日，就在「此時、此刻」**。

為無意義的人生增添「意義」吧

年輕人　這實在是……

哲學家　我們的討論差不多已經把你帶到水邊了，要不要喝水，就看你自己的決心。

年輕人　唉，也許阿德勒心理學、還有老師您的哲學真的會改變我；而我說不定也可能放棄「不要改變」的決心，選擇新的生活方式、新的生活型態……不過，最後請讓我再問一個問題！

哲學家　什麼問題？

年輕人　當人生是一連串的剎那、只存在於「當下」的時候，究竟人生的意義是什麼？我出生、經過許多苦難煎熬後，又面臨死亡，這一切到底是為了什麼？

我不懂。

哲學家 人生的意義是什麼？人為了什麼而活？當阿德勒被某人問到這個問題時，他表示：「普遍來說，人生沒有意義。」

年輕人 人生沒有意義？

哲學家 譬如說，世界上有許多像天災或戰亂這種莫名其妙、完全不合理的狀況存在。面對一些陷入戰亂、失去性命的孩子，我們無法談論「人生的意義」；換句話說，就一般而言，「人生」並不存在任何可以討論的意義。

然而在面對這些沒有道理可循的悲劇時，如果完全無動於衷，就等於肯定了這樣的悲劇。因此，無論什麼狀況，我們都要有所行動，必須正面對抗康德所說的「傾向性」。

年輕人 是呀，沒錯！

哲學家 假設我們遭遇了嚴重的天災，如果以決定論的觀點，想藉著回顧過去找出：「為什麼會變成這樣？」請問有什麼意義呢？

當我們遭遇困難的時候，更應該向前看，**想想：「今後可以做些什麼？」**

年輕人 的確是！

哲學家　阿德勒在說完：「普遍來說，人生沒有意義。」之後，又接著表示：「人生的意義，由你自己給予。」

年輕人　由自己給予？什麼意思？

哲學家　我的祖父在戰爭中被燒夷彈嚴重燒傷了臉部，這是怎麼想都覺得不合理的、殘酷的災禍。當時的他非常有可能選擇「世界很可怕」或「大家都是敵人」的生活型態吧。

但是據說，每次祖父搭電車去醫院治療的時候，都有其他乘客讓位給他坐。雖然這件事是從我母親那裡得知的，我並不知道祖父心中真正的想法。不過我相信，祖父選擇的生活型態會是「大家都是夥伴，世界很美好」。

阿德勒所說的「人生的意義，由你自己給予」正是如此。人生，一般來說並沒有什麼意義，但是你可以賦予它意義。能夠給你人生某種意義的，除了你之外，沒有別人。

年輕人　……那請您告訴我！我應該怎麼做，才能讓我這個毫無意義的人生變得有意義？我完全沒有自信！

哲學家　你在自己的人生中迷失了方向。你為什麼會感到困惑？那是因為你想要選擇「自由」。既然如此，就不要害怕被人討厭、不要過著別人的人生、選擇自己的道路。

年輕人　是呀！我想要幸福！想要自由！

哲學家　當我們想選擇自由的時候，一定會覺得徬徨困惑。所以阿德勒心理學提出「**導引之星**」的說法，做為自由人生的指引。

年輕人　導引之星？

哲學家　就像旅人依靠北極星辨別方向那樣，我們的人生也需要「導引之星」。依照阿德勒心理學的想法，最理想的狀態是「只要不失去指標，朝著它的方向前進，就有幸福」。

年輕人　這顆星在哪裡？

哲學家　就是貢獻他人。

年輕人　……貢獻他人！

哲學家　不論你怎麼度過每一個剎那，就算有人討厭你，**只要「貢獻他人」這顆導引之星還在，就不會徬徨，做什麼都可以**。誰要是討厭你，就讓他討厭好了，只要活得自由就行。

年輕人　只要在自己的領空掛上「貢獻他人」這顆星星，就可以和幸福同在，和朋友同在！

哲學家　然後認真地在這一剎那跳著自己的舞，認真地生活。不看過去，也不看未來。像跳舞一樣，活在每個終結的剎那中。不必與誰競爭，也不需要目的地。只要你一直跳著，就會到達某個地方。

年輕人　誰也不知道的「某個地方」！

哲學家　所謂的「實現式人生」就是這麼一回事。就我自己而言，不論我如何回顧過去，都無法清楚說明自己為什麼來到了「此時、此刻」。

我原本打算學的是希臘哲學，但不知不覺中，竟也開始研究起阿德勒心理學，然後像這樣，和你這個難得的好朋友聊得非常盡興。這是舞動每一個剎那的結果，除此之外，沒有其他方法可以解釋。你的人生意義，只有當你徹底認真地舞動在「此時、此刻」，才會顯現出來。

年輕人　……應該是這樣吧！我，我相信老師的說法！

哲學家　是的，請相信我。我和阿德勒的思想共同生活了很長一段時間，我注意到一件事。

年輕人　什麼事？

哲學家　那就是「人的力量是很大的」，不，應該說「**我的力量無窮大**」。

年輕人　這是什麼意思？

哲學家　就是說，只要「我」改變了，「世界」就會改變。**所謂的世界，不是其他什麼人可以幫我改變的，而是只有「我」才能改變它**。了解阿德勒心理學之後，我眼中的世界再也不是從前的那個世界了。

年輕人　只要我改變了，世界就會改變。除了我以外，誰也沒有辦法幫我改變世界……

哲學家　這就像近視多年的人，第一次戴上眼鏡的那種震撼。原本模糊的世界，輪廓突然變得清晰，連色彩都鮮明起來。而且不是只有視線範圍內才變得清楚，整個世界都變清楚了。我想，你如果也能擁有相同的體驗，不知道會有多幸福。

年輕人　……唉，我很後悔！我非常非常後悔!!如果可以早個十年，不，早個五年也好，可以早一點知道就好了。如果是五年前的我，在找工作之前就了解阿德勒思想的話……

哲學家　不，不是這樣的。你會希望「十年前早知道就好」的這個想法，其實是因為阿德勒思想讓「現在的你」有了共鳴。如果是十年前的你會怎麼想，誰也不知道。只能說，應該了解這些事的，是現在的你。

年輕人　……啊，是呀，的確是呀！

哲學家　我再送你一段阿德勒說的話。他說：「必須有人開始去做。就算其他人不配合，也和你沒關係。這就是我的建議。應該由你開始，完全不必考慮其他人是否提供協助。」

年輕人　我是不是已經改變、自己所看到的世界是不是已經有了變化，我還不知道。可是我確信一件事！「此時、此刻」的這一剎那發出了強烈的光芒！沒錯，這道光芒非常強烈，讓我除了當下之外，完全看不見明天或其他任何時刻！

哲學家　我相信你已經主動喝了水。來吧，走在我前方的年輕人，我們一起攜手前進吧。

年輕人　……我也相信老師。我們一起走吧！這段時間以來，真是謝謝您。

哲學家　哪裡，我才要謝謝你。

年輕人　對了，請老師准許我再次來這裡拜訪您！沒錯，請讓我以一位難得的好友身分來這裡。下次我不會再動不動就跟您頂嘴了！

哲學家　哈哈哈，總算見到你露出屬於年輕人應有的笑容了。好了，時間也晚了，讓我們各自度過這個夜晚，迎接新的早晨吧。

年輕人慢慢繫上了鞋帶，走出哲學家的屋子。也不知是何時降下的，門外已是一片雪景。掛在空中的滿月，朦朧照在腳邊的雪地上。啊，這空氣多麼清冽澄淨，這光芒如此耀眼。踏在這剛降下的新雪，跨出自己的一步。年輕人深深吸了一口氣，摸著微微變長的鬍碴，非常篤定地輕輕說著：世界是單純的，人生也是一樣。

後記 跨出那一步的勇氣

古賀史健

我的人生之中，有過這麼一段際遇：那是不經意拿起的一本書，讓我從隔天一早開始所見到的景色變得全然不同。

一九九九年冬天，當時才二十出頭、還是個「年輕人」的我，非常幸運地在池袋的書店裡遇上了那本書。那就是岸見一郎老師的《阿德勒心理學入門》。他以淺顯易懂的用詞，說明了一些深不可測、而且徹底顛覆社會常識的思想。

像是否定了創傷的存在、以目的論取代決定論這種簡直有如哥白尼革命的論點。這對當時已經在佛洛伊德或榮格學派的學說中感受到一點異樣的我來說，是一大衝擊。究竟阿爾弗雷德・阿德勒是誰？為什麼自己竟然不知道他的存在？我四處蒐購與阿德勒相關的書籍，開始沉迷其中。

但是我發現了一件事。我所探求的不單單只是「阿德勒心理學」，而是岸見一郎這位哲學家去蕪存菁後的「岸見阿德勒學說」。

岸見老師以蘇格拉底或柏拉圖這些希臘哲學家的思想為根基所介紹的阿德勒心理學，讓我了解到阿德勒所研究的不只限於臨床心理學，他還是一位思想家與哲學家。例如：「人，只有置身於社會的脈絡中，才能稱之為『個人』。」這段話就如同黑格爾所說的一樣；另外，對於主觀解釋更重於客觀事實的部分，又有如尼采的世界觀；其他還包含了更多可以與胡塞爾或海德格的現象學相通的思想。

此外，以這些深具哲學性的觀察為出發點，阿德勒心理學還挑明了「所有的煩惱，都是人際關係上的煩惱」「我們由這一瞬間開始就能改變，而且可以變得幸福」「問題不在能力，而在於勇氣」……讓我這個苦惱困惑的年輕人有了完全不同的世界觀。

儘管如此，我身邊幾乎沒有人知道阿德勒心理學。不久，我下了一個決定，希望「有機會可以和岸見老師共同出版一本阿德勒心理學（岸見阿德勒學說）的代表作」。我連絡了幾位編輯，引頸期盼那一天的到來。

後來，總算有機會可以與住在京都的岸見老師會面。但這已經是二〇一〇年三月的事，距離當年拜讀《阿德勒心理學》早已超過了十年以上。

那次會面中，岸見老師表示：「蘇格拉底的思想是由柏拉圖所記述留存的，我希望自己可以成為阿德勒的柏拉圖。」而我則毫不猶豫答覆老師：「那麼，就由我來擔任岸見老師的柏拉圖。」因此成為了創作本書的開端。

單純又普遍的阿德勒思想，或許動不動就被大家認為是理想論，隨口把一些事說得好像「理所當然」似的，甚至倡導那種根本無法實現的理論。

於是本書決定採用年輕人與哲學家對話的形式，將讀者們可能有疑惑的部分精心安排在其中。

如同書中所描述的，要身體力行、實踐阿德勒思想，並不是那麼容易的事。這當中或許有一些說法和建議會讓你無法理解、難以接受，甚至想提出反駁。

然而就像十多年前的我一樣，阿德勒思想的確有改變人們一生的力量，關鍵在於你是否擁有跨出那一步的「勇氣」。

最後我要衷心感謝岸見一郎老師，把我這個後生晚輩當成朋友看待；編輯柿內芳文先生，以超乎常人的耐力在身邊支持我；羽賀翔一先生，用精緻的插畫讓本書的故事躍然紙上；還有各位讀者的支持。
感謝各位。

後記　從這個瞬間開始變得幸福吧！

岸見一郎

在阿德勒去世超過半個世紀以上的今天，我們依然沒能趕上他新潮的思想。以現今的社會而言，阿德勒雖然不如佛洛伊德或榮格那麼有名氣，但是他的智慧就像一座「寶山」，不論是誰都能挖掘出一些東西。因此即使很少有人提起阿德勒這個名字，他的思想依然影響著很多人。

不到二十歲，我就一頭栽進了哲學裡。到了三十歲左右、孩子出生的時候，我遇見了阿德勒心理學。探求「何謂幸福」的幸福論一直是西洋哲學的主題之一。因為我長期以來不斷思索這個問題，所以當我第一次參加阿德勒心理學講座，聽到臺上的講師說「今天在場聽過我這番話的人，從這個瞬間開始就能變得幸福」的時候，我有著極大的反感。

但在這同時，回想起自己其實不曾深入思考過「究竟該怎麼做才能變得幸福」，才發現「變得幸福」這件事說不定遠比我們所想像的還簡單。於是我對阿德勒心理學產生了興趣。

就這樣，我同時研究著哲學與阿德勒心理學。對我而言，這並不是分別學習兩個毫不相關的學問。

例如關於「目的論」的想法，並不是到阿德勒的時代才突然出現的，它其實也出現在柏拉圖或亞里斯多德的哲學中。阿德勒心理學是與希臘哲學在同一線上的思想。此外我也發現到，在柏拉圖著作中永遠留下英姿的蘇格拉底，他與年輕人對談的方式，以今天來說，就是一種心理諮商。

或許有很多人一聽到「哲學」就覺得艱深難懂，但事實上，像柏拉圖的《對話錄》中，連一個專業術語也沒用到。

說起來，用著只有專家才能理解的術語來談論哲學是很可笑的。哲學原本的意義並不是「智慧」，而是「愛智慧」，因為追求學習未知的事物，還有得到智慧的過程才是最重要的。

至於最後是否達到了「智慧」的境界，並不是重點。

今天，讀著柏拉圖《對話錄》的人們，假設正好讀到了「勇氣是什麼」，應該會為了文章最後沒有結論而感到驚訝不已吧？

與蘇格拉底進行對話的年輕人，並非一開始就唯唯諾諾贊同他的說法，而是提出了激烈的反駁。本書採用了哲學家與年輕人對話的形式，就是依照蘇格拉底以來的哲學傳統。

自從我認識了阿德勒心理學這「另一個哲學」之後，就再也無法滿足於單純以一個研究者的身分閱讀及解釋前人留下來的著述。我希望能像蘇格拉底那樣與人對話，於是開始在醫院的精神科從事心理諮商。

在那裡，我遇見了許多「年輕人」。

年輕人們都希望能活得真誠，可是絕大多數都被一些世故、而且自認為無所不知的前輩潑冷水，要他們「認清現實」。所以不是被迫放棄夢想，就是因為太過單純，以至於捲入複雜的人際關係，感到疲累不堪。

希望活得真誠固然很重要，但光是這樣還不夠。儘管阿德勒表示：「人類的煩惱全都來自於人際關係。」可是如果不知道怎樣才能建立良好的人際關係，就會不斷試圖想滿足他人的期望，或在無意中傷害別人，而且也無法坦率說出自己的意見，甚至放棄自己真正想做的事。

那樣的人或許比較容易被身邊的人所接受，討厭他（她）的人應該也很少，但相對的，就無法過著自己想要的人生。

如同本書中的年輕人一樣，因為現實生活的衝擊而感到煩惱層出不窮的你，對於哲學家所說「世界無比單純，人人都能幸福」，應該感到相當驚訝吧？

聲明「我的心理學屬於大家共有」的阿德勒也像柏拉圖一樣，不用艱澀的專門術語，而且提出了改善人際關係的「具體方案」。

有人會覺得阿德勒思想實在難以接受，那是因為他的思想幾乎都可說是與常理背道而馳的反命題，必須透過日常生活中的徹底實踐才有辦法理解。所以就算他的用字並不艱深，但難度或許就像要你在嚴寒的冬季裡憑空想像夏日酷暑的感受一般。總之，若是能讓你因此掌握解決人際關係問題的那把鑰匙，就再好不過了。

本書的共同創作者，同時也擔任執筆者的古賀史健先生來到我書房的那一天，他表示：「我要成為岸見老師的柏拉圖。」

蘇格拉底連一本著作也不曾留下，但今天我們能夠認識他的哲學，全是因為柏拉圖為他寫下了《對話錄》。然而柏拉圖並不只是記錄蘇格拉底說了些什麼，關鍵還是在於他正確無誤地解讀了蘇格拉底所說的內容，這些智慧才得以流傳到現在。

本書也是經過了好多年，因為古賀先生不輕易放棄的精神，一再不斷與我討論、對談，並發揮了絕佳的理解力才得以問世。書中的「年輕人」，可以是學生時代遍訪名師的我，也可以是古賀先生，其實我更希望是此刻正拿著本書的你。儘管心中充滿了疑惑，如果可以透過與哲學家的對談，讓本書在各種情況下，為你的決心提供一臂之力的話，實屬萬幸。

The Eurasian Publishing Group
圓神出版事業機構
用心與你對話・視野無限寬廣
究竟出版社
Athena Press

http://www.booklife.com.tw reader@mail.eurasian.com.tw

哲學 028

被討厭的勇氣——自我啓發之父「阿德勒」的教導

作　　者／岸見一郎、古賀史健
譯　　者／葉小燕
發 行 人／簡志忠
出 版 者／究竟出版社股份有限公司
地　　址／台北市南京東路四段50號6樓之1
電　　話／（02）2579-6600・2579-8800・2570-3939
傳　　真／（02）2579-0338・2577-3220・2570-3636
郵撥帳號／19423061　究竟出版社股份有限公司
總 編 輯／陳秋月
主　　編／王妙玉
責任編輯／林雅萩
美術編輯／金益健
行銷企畫／吳幸芳・張鳳儀
印務統籌／劉鳳剛・高榮祥
監　　印／高榮祥
校　　對／林雅萩・莊淑涵
排　　版／莊寶鈴
經 銷 商／叩應股份有限公司
法律顧問／圓神出版事業機構法律顧問　蕭雄淋律師
印　　刷／祥峯印刷廠
2014年11月　初版
2024年8月　345刷

定價 300 元　ISBN 978-986-137-195-5

如果你無法不在意他人的評價、無法不害怕被人討厭，
也不想付出可能得不到認同的代價，
就無法貫徹自己的生活方式。

——岸見一郎、古賀史健，《被討厭的勇氣》

國家圖書館出版品預行編目資料

被討厭的勇氣：自我啟發之父「阿德勒」的教導 / 岸見一郎, 古賀史健著；
葉小燕譯. -- 初版. -- 臺北市：究竟, 2014.11
304 面；14.8×20.8公分 --（哲學系列；28）

ISBN 978-986-137-195-5（平裝）
1. 人際關係
177.3　　103017825